PARIS
TERRASSES & ROOFTOPS

TEXTES
SIMON ROGER

PHOTOGRAPHIES
SYLVAIN AGEORGES

PARIS TERRASSES & ROOFTOPS

LES 100 MEILLEURS BARS ET RESTOS EN PLEIN AIR

PARIGRAMME

Pour Lulu de Barbès et Lulu de la Villette

N'hésitez pas à nous écrire : **parigramme@parigramme.fr**

Sommaire

Bateau El Alamein, 13e (p. 70)

Enfin dehors !

Aux beaux jours, rien de tel que la vie au grand air. Voyez l'effervescence qui entoure le petit monde des terrasses, lorsque, bien sûr, le soleil est de la partie. Si le plaisir d'une pause en terrasse est intense, c'est sans doute parce que l'on sait le moment éphémère. Une flopée de nuages menaçants, une giboulée égarée dans le calendrier, et c'est la magie qui s'estompe aussitôt.

Dès la fin avril, chacun veut profiter du beau temps retrouvé et la recherche d'une place libre relève de la quête du Graal. Repérer de loin le quidam sur le départ ; zigzaguer entre les tables pour atteindre sa cible avant d'autres clients tout aussi motivés ; affronter les regards noirs des poursuivants… l'épreuve demande du souffle, de l'agilité et une bonne dose de tact !

Terrasse ? Le mot désigne, depuis l'époque où se sont développés les cafés modernes (dans la deuxième moitié du XIXe siècle), la partie en plein air d'un café ou d'un restaurant. Aujourd'hui, il qualifie surtout la partie du trottoir longeant l'établissement et où sont agencées quelques tables.

Ces terrasses qui donnent sur la rue sont de loin les plus nombreuses dans Paris, les plus bruyantes et finalement les moins singulières. Celles recensées dans ce guide sont tout le contraire. Il s'agit le plus souvent d'espaces invisibles depuis la rue, nichés au fond d'un jardin, aménagés dans un petit patio ou posés sur le toit d'un immeuble – car lorsque les mètres carrés au sol se font rares, les terrasses prennent de la hauteur et se muent en de magnifiques rooftops avec vues panoramiques sur la capitale.

Terrasses discrètes, originales, au cœur de la ville : tels sont donc les critères qui ont dicté notre choix. *Exit* les adresses du boulevard Saint-Germain fréquentées par tant de célébrités. Tant pis pour La Closerie des Lilas, où Ernest Hemingway écrivit la plus grande partie de son roman *Le soleil se lève aussi*. Que reste-t-il ? Une centaine de lieux – cafés, musées, hôtels, jardins, restaurants, cinémas – dispersés aux quatre coins de Paris. Des maisons centenaires et quelques adresses *trendy*. Des enseignes huppées et des troquets qui ne paient pas de mine. Une grosse centaine d'occasions, à coup sûr, de traîner dehors, aux beaux jours et au grand air.

Le Café des Marronniers

Jardin des Tuileries • Près de l'entrée de la place de la Concorde, 1er
M° Concorde • 01 40 20 04 97

Ouvert du lundi au dimanche de 10h à 20h
Salade César 17,50 € • Verre de vin à partir de 5 €

cafe-des-marronniers.com

SUPPLÉMENT DE VACANCES • Le Café des Marronniers déploie chaque jour sa terrasse au cœur d'un jardin mythique de Paris et offre une halte au goût d'enfance à l'abri de l'effervescence de la rue de Rivoli et de ses arcades. Le tout proche salon de thé Angelina fournit la table des Marronniers en pâtisseries. Le célébrissime chocolat chaud de la maison y est également disponible, si divin qu'il n'est pas exclu qu'on ait envie d'y goûter même en plein été ! Sous la futaie, entre ombre et soleil, on se sent comme en vacances, pas d'horaires, le service est continu. Dehors-dedans, toutes les parois du café sont vitrées, si bien que la météo et les températures hivernales n'empêchent en rien de profiter du lieu, particulièrement romantique quand la double allée de tilleuls reliant le palais du Louvre à la place de la Concorde est déserte. Pour les petits creux ou les fringales, chacun trouvera son bonheur parmi les classiques de la brasserie française.

Loulou

Musée des Arts décoratifs • 107, rue de Rivoli, 1er
M° Palais-Royal-Musée-du-Louvre • 01 42 60 41 96

Ouvert du lundi au dimanche de 12h à 14h30 et de 19h à 23h
Terrasse accessible quand le temps le permet

Plat autour de 30 € • Cocktail 22 €

loulou-paris.com

UN DÉJEUNER AVEC MAILLOL • Quel tableau ! Entre le Louvre et les Tuileries, à la lisière des jardins du Carrousel, la terrasse de 180 couverts baigne dans le soleil tout en étant retranchée des bruits de la ville. La vue est saisissante : haies de thuyas et carrés de pelouse où des nus de Maillol prennent la pose avec, en toile de fond, les façades des bords de Seine et, à l'horizon, les plus beaux monuments de Paris. Gilles Malafosse et Laurent de Gourcuff, les deux entrepreneurs qui ont remporté cette concession en 2016, ont confié la décoration à Joseph Dirand. Si les murs vénérables imposent une certaine élégance, le lieu et la carte échappent à la prétention. En cuisine, Benoît Dargère et Bouhlal Zouhair proposent des plats du Sud dont la sophistication n'entame pas la saveur des produits. L'endroit idéal pour partager un repas sous les grands parasols carrés de cette très belle terrasse.

Café Marly

Musée du Louvre • 93, rue de Rivoli, 1er
M° Palais-Royal-Musée-du-Louvre • 01 49 26 06 60

Tous les jours de 8h à 2h
Terrasse permanente sous les arcades, saisonnière dans la cour Napoléon

Plat entre 25 et 40 € • Verre de vin à partir de 11 €

cafe-marly.com

AU PIED DE LA PYRAMIDE • Maîtres aveyronnais de la restauration, Gilbert et Jean-Louis Costes se sont illustrés dès la fin des années 1980 en ouvrant à Paris, avec leur complice Philippe Starck, le Café Costes, tout près du Centre Pompidou. Depuis, les deux frères ont réaffirmé leur goût pour les adresses prestigieuses avec le Ruc, face à la Comédie-Française, et le Café Marly, dans la cour du palais du Louvre. Assis sous les arcades de l'aile Richelieu, à l'ombre de la voûte sculptée, le client a l'impression de pouvoir toucher la pyramide de verre, œuvre de l'architecte Pei. Bien sûr, tout cela a un prix... élevé ! La musique qui s'échappe des enceintes fixées sur la façade est parfois un peu forte mais l'été, de nouvelles tables sont disposées sur l'esplanade, offrant l'occasion de boire un verre loin de la sono et encore plus près de la pyramide.

Le Tout-Paris

8, quai du Louvre, 1er • M° Pont-Neuf
01 79 35 50 22

Ouvert tous les jours de 7h à 1h

Cocktails à partir de 27 € • Plat entre 40 et 60 € • Brunch 125 €

letoutparis.fr

TREIZIÈME MOIS • “On trouve tout à la Samaritaine”, proclamait les publicités des années 1960 et 1970. On serait bien en peine aujourd’hui d’y dénicher un flexible de douche ou un fer à repasser, mais il est vrai que ce n’est pas le cœur de métier d’un géant du luxe international. L’ancien grand magasin est tombé dans l’escarcelle de LVMH en 2001 et a rouvert ses portes en grande pompe en 2021 sous la forme d’une vitrine XXL du groupe, additionnant concept stores de créateurs, espaces beauté, propositions gastronomiques variées et un hôtel 5-étoiles : Cheval blanc Paris. Au 7e étage, le bar restaurant Le Tout-Paris ne détonne pas et vise lui aussi le haut de gamme. Une terrasse de 650 mètres carrés offre une vue panoramique époustouflante, de Notre-Dame à la tour Eiffel. Des recoins arborés se prêtent aux déjeuners au grand air ou aux dîners sous les étoiles.

The Shed

Hôtel des Grands Boulevards • 17, boulevard Poissonnière, 2e
M° Bonne-Nouvelle • 01 85 73 33 33

Rooftop ouvert tous les jours de 17h à 23h

Cocktail 16 € • Snack autour de 12 €

grandsboulevardshotel.com

LOIN DU TUMULTE • Le vacarme de la circulation et les vibrations du métro semblent ici s'effacer. Confortablement installé sur une banquette de la terrasse perchée sur le toit de l'hôtel, on goûte un silence rare, à peine contrarié par la conversation de deux clients à la table voisine ou les allées et venues du serveur. The Shed, "le cabanon" en français, est bien plus sophistiqué qu'une paillote de bord de mer. On y accède en longeant le restaurant de l'hôtel jusqu'au petit ascenseur. Depuis le rooftop en forme de U, on peut entrevoir le patio vitré du rez-de-chaussée qui sert d'écrin au restaurant de l'hôtel ou laisser son esprit vagabonder en contemplant le paysage environnant.

Bars du Hoxton Paris

The Hoxton Paris • 30-32, rue du Sentier, 2e
M° Grands-Boulevards • 01 85 65 75 75

Jacques' Bar ouvert de 18h à 1h (jusqu'à 2h du jeudi au samedi)
Planche ouvert du mardi au samedi de 17h30 à minuit

Snacks autour de 10 € • Verre de vin à partir de 9 €

thehoxton.com/fr/france/paris/hotels

GRANDS ESPACES • Un premier coup d'œil depuis le hall d'entrée renseigne assez vite sur la personnalité de l'hôtel Hoxton. Si vous cherchez une adresse confidentielle où boire un verre en tête-à-tête, passez votre chemin. Ici, on ne cache pas ses préférences pour les espaces ouverts et lumineux, les grandes verrières et les volumes hauts de plafond, si hauts qu'un escalier métallique serpente pour rejoindre la mezzanine en surplomb du bar. Tout est vaste dans la belle demeure occupée au XVIIIe siècle par Thomas de Rivié, fils de maréchal-ferrant, qui dût sa fortune et son titre de noblesse à son talent dans le négoce de chevaux pour l'armée du roi de France. Sa terrasse ne manque pas de place, puisque la cour pavée se prolonge par une petite "orangerie" vitrée au calme, un bar à vin et champagne (Planche) ou encore un bar à cocktails (Jacques' Bar). À vous de choisir.

Hôtel Edgar

31, rue d'Alexandrie, 2e • M° Réaumur-Sébastopol ou Bonne-Nouvelle
01 40 41 05 19

Ouvert tous les jours sauf le dimanche soir • Brunch le week-end de midi à 14h30
Terrasse accessible quand le temps le permet

Plat autour de 25 € • Verre de vin à partir de 8 €

edgarparis.com

SO PARISIAN • Rue d'Aboukir, rue d'Alexandrie, passage du Caire... Malgré sa toponymie orientale, ce micro-quartier est tout ce qu'il y a de plus parisien ! Sur une placette qui évoque le Paname de Brassaï et de Doisneau, Xavier Thiéry et Guillaume Rouget-Luchaire ont transformé un ancien atelier de textile en hôtel mode et restaurant néo-*sixties*. Dans les étages, treize chambres, décorées par les amis artistes de Guillaume Rouget-Luchaire ; au rez-de-chaussée, la salle traversante et la terrasse qui, à midi, séduisent une clientèle de proximité. Le soir venu, lorsque les rideaux métalliques des commerces alentour sont baissés, un autre public apparaît, attiré par les crustacés et les fruits de mer à la carte de Serge Leignel. Une véritable parenthèse au cœur de Paris.

Rooftop National

Hôtel National des Arts et Métiers • 243, rue Saint-Martin, 3e
M° Arts-et-Métiers • 01 80 97 22 80

Rooftop ouvert du lundi au jeudi de 17h à minuit,
du vendredi au dimanche de 16h à minuit

Cocktail à partir de 18 € • Verre de vin à partir de 12 €

hotelnational.paris

HERBES À PROFUSION • Derrière une façade haussmannienne soigneusement rénovée se cache un bel hôtel de 66 chambres – décoré par le talentueux Raphael Navot – escorté d'un restaurant italien et d'un intrigant "herbarium". Traduisez, un bar à cocktails où l'on peut se contenter d'une bière ou d'un soda comme siroter un cocktail aux saveurs subtiles de bergamote, de violette, de basilic ou de bois de santal. Une ambiance arborée vous attend sur le toit-terrasse de l'établissement. Cette fois, les plantes n'inspirent pas les compositions du barman mais la déco de ce rooftop tout en longueur. En bordure des tables, quelques oliviers et des massifs de graminées d'où perce une vue dégagée sur les monuments et les toits de Paris.

Derrière

69, rue des Gravilliers, 3e • M° Arts-et-Métiers • 01 44 61 91 95

Ouvert du lundi au dimanche de midi à 14h (sauf dimanche) et de 19h à 23h • Brunch le dimanche de midi à 16h

Carte 50 € • Brunch 39 €

derriere-resto.com

COMME À LA MAISON • Mourad et Hakim Mazouz, deux frères entrepreneurs globe-trotteurs, ont monté à Paris deux affaires : le 404, restaurant marocain à l'alléchante carte de pastillas, couscous et tagines, et l'Andy Wahloo, extension du 404 en version bar. La terrasse, installée dans une jolie cour fleurie, est indéniablement au calme et connue des *happy fews*. Située à l'arrière du 404 et de l'Andy Wahloo, Derrière se définit comme "un appartement de cuisine familiale". Au fond d'une courette, un ancien atelier de confection accueille une cuisine, une table de ping-pong, un coin lecture et, à l'étage, un passage secret vers un fumoir, quelques tables... Un insolite riad parisien.

Bontemps

57, rue de Bretagne, 3e • M° Temple ou République
01 42 74 10 68

Ouvert du mercredi au dimanche de 12h à 18h30 (dimanche jusqu'à 18h)
Brunch le dimanche • Terrasse accessible quand le temps le permet

Expresso 3,80 € • Thé 8 € • Plats de 19 à 25 €

bontemps.paris/jardin-secret

CONTE DE FÉES PASTEL • C'est un peu comme un rêve ou une comédie romantique : sucré, pastel, charmant, délicat et vraiment très chou… bien que la spécialité de la maison soit le sablé. La pâtisserie ultra-cotée Bontemps a ouvert un salon de thé doté d'un bijou de cour intérieure. Il faut traverser la boutique à la déco boudoir – on ne sort pas du thème – pour trouver une place parmi les quelques tables et chaises en fer forgé qui peuplent l'espace fleuri du bien nommé jardin secret. Cette parenthèse en plein Marais a toutes les chances de séduire un large public, et pas seulement les becs sucrés. Car le salon de thé se transforme en cantine à midi puis se métamorphose en rendez-vous apéro une fois l'heure du thé passée. Un vrai conte de fées, décidément…

Marché des Enfants-Rouges

39, rue de Bretagne, 3e • M° Temple

Restaurants ouverts du mardi au dimanche de 8h30 à 20h (dimanche jusqu'à 17h)

Chez Taeko, Le Traiteur marocain, Les Italiens au marché • Le Burger Fermier des Enfants Rouges • Tarifs variés selon les stands

Page Facebook pour chaque restaurant

SAVEURS DU MONDE • Prêts pour un petit tour du monde culinaire ? Direction l'un des plus vieux marchés de la capitale (1615), baptisé marché des Enfants-Rouges en souvenir des pensionnaires de l'orphelinat voisin, fermé en 1772. Ouvert six jours sur sept, ce marché couvert offre des terrasses diverses et entremêlées. Les allées étroites ne permettant pas de s'étendre, chaque restaurant colle ses tables à celles du voisin. Mais on aime aussi les marchés pour leurs mélanges de saveurs et d'odeurs ! Le traiteur marocain partage ainsi sa terrasse avec la cantine bio du primeur. Plus loin, les burgers sont locavores au Burger Fermier des Enfants Rouges, tandis que l'Italien propose ses antipasti. La perle du marché est sans doute à rechercher du côté de la Japonaise Taeko, dont les compositions soigneusement préparées sont présentées dans une vaisselle raffinée.

Acte II

93, rue Vieille-du-Temple, 3ᵉ • M° Saint-Sébastien-Froissart
01 43 56 50 50

Ouvert tous les jours de 18h à 2h (à partir de midi le week-end)

Plat autour de 30 € • Dessert autour de 9 € • Verre de vin 9 €

actedeux.paris

PRIÈRE DE NE PAS ANNULER • En plein quartier du Marais, voici un secret bien gardé. Une porte d'immeuble sans charme, une cour pavée tout aussi quelconque, un ascenseur dissimulé dans un recoin de ladite cour. Tel est le jeu de piste à suivre pour rejoindre l'un des rooftops les plus prisés de la capitale. Vous ne serez pas déçu par la vue sur Paris depuis la terrasse cernée de plantes aromatiques, ni par le toit rétractable du restaurant, astucieux pour gérer les caprices du soleil. Acte II met à l'honneur la gastronomie japonaise : viandes et poissons grillés feu de bois délicatement assaisonnés par le chef Masahide Ikuta. Gardez tout de même un œil sur les prix, sommitaux eux aussi.

Griffon

55 bis, rue des Francs-Bourgeois, 4e • M° Rambuteau • 0143369837

Ouvert le mardi de 17h à minuit, du mercredi au samedi de 11h à minuit, le dimanche de 11h à 18h

Verre de vin à partir de 6,50 € • houmous 9,50 € • assiette de fromages 12,50 €

griffon.paris

CAFÉ HYBRIDE • L'hôtel de Soubise, qui abrite les Archives nationales et son musée, est l'un des plus remarquables hôtels particuliers du Marais. Sur le trottoir d'en face, l'entrée discrète du n° 55 bis donne accès à une vaste cour pavée, qui porte le nom de Théophraste Renaudot, fondateur de la *Gazette* en 1631. Point de statue du précurseur de la presse écrite ici, mais un étonnant café Griffon, qui, tel l'animal mi-aigle-mi lion, se définit en lieu hybride : restaurant midi et soir, coffee shop dans l'après-midi, bar en début de soirée. Hybride aussi entre sa salle très cosy et sa terrasse extérieure plus "roots" : tables chinées, chaises dépareillées, parasols et arbres en pot. À quelques mètres, on distingue au sol le tracé de l'enceinte médiévale bâtie sous le règne de Philippe Auguste. La bâtisse de briques rouges affectée au Crédit municipal comprend l'une des tours de cette fortification vieille de plus de huit siècles.

Terraza Mikuna

BHV Marais • entrée 1, rue des Archives, 4e • M° Hôtel-de-Ville

Rooftop ouvert tous les jours du lundi au vendredi de 17h à 1h,
le week-end de 12h à 1h

Cocktail à partir de 15 € • Verre de vin à partir de 8 € • Ceviche de saumon 15 €

mikunaparis.com

LATINO D'ALTITUDE • *Mikuna*, c'est la cuisine en langue quechua... le mot a donné son nom à une enseigne de street-food aux inspirations latino-américaines, qui avait jusqu'ici investi les bords de Seine et le quartier de Pigalle. Désormais, Mikuna a aussi son adresse en terrasse, et pas n'importe où, en plein Marais, au dernier étage du BHV. La petite bande de Mikuna a donc monté ses cantines au sixième étage du magasin parisien : empañadas, ceviche, guacamole, burritos... mais aussi des jus et des alcools pour des cocktails originaux. À commencer par le bien nommé Mikuna, mélange de pisco, de miel, de curcuma et d'ananas. Si vous en consommez sans modération, vous apercevrez peut-être la Cordillère des Andes depuis l'altitude raisonnable du rooftop du BHV. Sinon, vous pourrez toujours apprécier la vue plongeante sur l'Hôtel de Ville, les quais de Seine et l'église Saint-Gervais dont on peut entendre les cloches entre deux DJ sets.

Buvette-cantine de l'Académie du Climat

2, place Baudoyer, 4e • M° Hôtel-de-Ville

Académie ouverte lundi et mardi de 9h à 21h, du mercredi au samedi de 9h à 23h30 • Buvette du mercredi au samedi de 11h à 23h30

Limonade bio 3 € • Verre de vin à partir de 3,50€ • Bière pression à partir de 3€

REMÈDE À L'ÉCO-ANXIÉTÉ • Difficile de passer à côté de l'Académie du climat : son nom s'affiche au-dessus du porche d'entrée de l'ancienne mairie du 4e arrondissement et sa façade aux touches de couleurs vives dénote avec celles des autres bâtiments municipaux. Les animateurs raffolent aussi des craies de couleur pour mettre à jour sur les ardoises le programme de la journée : conférence sur la transition écologique, groupe de parole sur l'éco-anxieté, "karakoé climat-o-queer", fresque de la rénovation... Les activités se succèdent sans discontinuer, entre les trois étages de la grande bâtisse, et au rez-de-chaussée, une pépinière, divers ateliers, une buvette et une cour pavée. C'est là que convergent les participants et fusent les idées. Si l'arbre à insectes ne semble pas très attractif, les bancs installés dans le verger, eux, se remplissent rapidement. À l'ombre d'un cerisier ou d'un pommier, on esquisse les contours d'un futur désirable, neutre en carbone et solidaire.

Jaja

3, rue Sainte-Croix-de-la-Bretonnerie, 4e • M° Saint-Paul
01 42 74 71 52

Ouvert du lundi au samedi de midi à 14h30
et de 19h30 à 23h, le dimanche de midi à 14h30 et de 19h30 à 22h30
Terrasse accessible quand le temps le permet

Formule déjeuner (en semaine) 22 € • Dessert entre 10 et 16 €
Verre de vin à partir de 8 €

jaja-resto.com

ARRÊT DANS LE MARAIS • Cœur historique et touristique de Paris, le Marais n'est pas à proprement parler un havre de paix. Pourtant, non loin des voies étroites qui canalisent aux beaux jours le flot des flâneurs, on trouve ce restaurant quasiment invisible depuis la rue. Rien n'indique que derrière ce porche niche un bel hôtel particulier du XVIIe siècle. Dans sa cour, sur une estrade en bois, sont dressés une trentaine de couverts les jours de beau temps. "Au zénith, le soleil inonde la terrasse pendant une heure, pas plus", précise le maître des lieux. Une fenêtre suffisante pour savourer un plat de saison ou se laisser tenter par la longue carte des vins. Les nourritures terrestres sont variées, originales et savoureuses. Les nourritures spirituelles le sont tout autant grâce au café-théâtre Le Point Virgule, à quelques pas.

Fabula

Musée Carnavalet • 16, rue des Francs-Bourgeois, 4e • M° Saint-Paul

Ouvert à la belle saison du mardi au samedi de 19h30 à 2h

Entrée entre 12 et 14 € • Plat entre 20 et 24 € • Cocktail 16 €

Fabula.paris

JARDIN À LA FRANÇAISE • Envie d'échapper à l'effervescence du Marais ? Dissimulé derrière les murs imposants du musée Carnavalet, le Fabula est le lieu qu'il vous faut, avec son cadre dépouillé et ses tables élégantes dressées dans un jardin taillé au cordeau. C'est le soir que le Fabula révèle toute sa magie, pour un cocktail ou un dîner sous les étoiles. Aux commandes, Vincent Diener, l'un des mixologues les plus imaginatifs du moment, et Thomas Chisholm, un chef franco-américain qui a fait les Beaux-Arts à New York. La réservation est plus que conseillée, mais la météo commande et le service du soir peut être annulé en cas de forte pluie.

Les Maquereaux, Le Marcounet

Port des Célestins • Quai de l'Hôtel-de-Ville, 4e • M° Pont-Marie
Les Maquereaux : 01 73 78 36 41 • Le Marcounet : 06 60 47 38 52

Terrasses ouvertes de mai à octobre tous les jours de midi à minuit sauf jours de pluie

Planche à partager autour de 15 € • Verre de vin à partir de 5 €

lesmaquereaux.com • peniche-marcounet.fr

AU BORD DE L'EAU • Ce n'est pas un hasard si ces péniches sont amarrées en file indienne entre le pont Louis-Philippe et le pont Marie. Le quai de l'Hôtel-de-Ville est un décor enchanteur lorsque le soleil plonge dans la Seine. Les Maquereaux et le Marcounet ont ouvert un comptoir sur le quai pour les commandes de boissons et de tapas… Les Maquereaux misent sur un bar à huîtres. Le Marcounet se distingue de ses voisins par son coin concert, éclairé par la lumière discontinue des Bateaux-Mouches sillonnant la Seine.

L'Ébouillanté

6, rue des Barres, 4e • M° Pont-Marie • 01 42 74 70 52

Ouvert tous les jours sauf le lundi, midi et soir
Terrasse accessible en permanence

Formule déjeuner (en semaine) 15 € • Dessert 7,50 €

Facebook : L'Ébouillanté

DE LA PEINTURE AU THÉ • La petite rue des Barres longe l'église Saint-Gervais et mène à un secteur piétonnier du Marais où l'Ébouillanté a installé sa terrasse. Au calme. On pourrait se croire dans un village. Drôle de nom, l'Ébouillanté… Ne ferait-il pas référence à "Sévane l'ébouillanté, celui qui a fait le thé comme personne avant lui", selon une légende d'Anatolie ? Bien que farfelue, cette explication a été primée au concours littéraire organisé par Géraldine Campbell, la propriétaire du salon de thé. Sa véritable histoire a commencé en 1977 lorsque le peintre Gali, qui vivait là, en a fait son atelier. Ce sont ses amis, qu'il recevait et régalait de pâtisseries, qui l'ont décidé à transformer l'endroit en salon de thé. Géraldine Campbell a succédé au peintre en 1985. Chaque mois de novembre, elle organise le prix de Peinture de l'Ébouillanté.

Les Belles Plantes

Jardin des Plantes • 47, rue Cuvier, 5e • M° Jussieu • 01 40 79 80 72

Ouvert du lundi au dimanche de 10h à 18h
Terrasse accessible quand le temps le permet

Burger italien 22,50 € • Verre de vin à partir de 6 €

restaurant-lesbellesplantes.com

ALLÉES FLEURIES • Au plus chaud de l'été, les clients désertaient la belle terrassc adossée au restaurant du Jardin des Plantes car l'air devenait vite irrespirable sous sa verrière. Sans autorisation des services des Monuments historiques, la direction a laissé tomber son projet de store déroulant et a opté pour de grandes toiles blanches occultant le soleil. Si ce n'est pas suffisant, on peut toujours se réfugier dans la salle soigneusement décorée du restaurant. La bâtisse, classée donc, abritait au XIXe siècle une partie des galeries d'anatomie comparée. On venait y étudier les squelettes des grands cétacés, d'où le premier nom de l'établissement géré par le groupe Flo, La Baleine, avant de devenir Les Belles Plantes. Aujourd'hui, la vue est imprenable sur les allées fleuries tracées depuis la Seine jusqu'à la Grande Galerie de l'Évolution. Une belle pause entre les diverses flâneries qu'offre le Jardin des Plantes.

L'Hôtel

13, rue des Beaux-Arts, 6e • M° Saint-Germain-des-Prés
01 44 41 99 00

Bar ouvert de 7h à 1h • Terrasse accessible tous les jours à partir de 7h

Planche 27 € • Cocktail à partir de 12 € • Verre de vin à partir de 9 €

l-hotel.com

ILLUSTRES OCCUPANTS • Le plus petit des 5-étoiles parisiens a connu tant d'illustres occupants qu'on aimerait bien croiser l'un d'entre eux dans le patio caché à l'arrière de l'hôtel, bordé d'un mur végétal et agrémenté d'une fontaine. Serge Gainsbourg par exemple, qui y aurait composé l'inoubliable *Ballade de Melody Nelson*, inspirée sans doute par la présence de Jane Birkin. La photo dédicacée de la chanteuse figure en bonne place sur un mur du bar, au côté de celle de Jeanne Moreau, de Mick Jagger ou de Johnny Depp. Dans le boudoir *so british* de l'établissement, on deviserait volontiers avec Oscar Wilde, qui vécut les derniers mois de sa vie dans cette bâtisse (elle n'avait alors rien d'un luxueux hôtel), avant de laisser à la postérité bon nombre d'aphorismes… et de factures impayées.

L'Heure Gourmande

22, passage Dauphine, 6e • M° Odéon • 01 46 34 00 40

Ouvert du mardi au dimanche de 11h30 à 19h
Terrasse accessible en permanence

Tarte salée 9 € • Thé entre 6 et 7 € • Brunch 28 €

Facebook : L'Heure gourmande

DISCRÉTION ASSURÉE • Une enseigne en forme de théière surplombe les deux entrées du passage mais rien ne laisse imaginer l'existence d'une terrasse miniature au milieu de la voie pavée. Depuis le porche de la rue Dauphine, le regard se pose sur un majestueux figuier puis, à quelques pas, sur quatre petites tables de jardin postées le long de la devanture d'un salon de thé. L'Heure Gourmande est dotée d'un espace intérieur bien plus grand mais c'est ce quatuor de tables extérieures qui, aux beaux jours, suscite les convoitises. On y passe un délicieux moment, agrémenté d'un "thé de cinq heures" et d'une part de clafoutis aux fruits de saison. Catherine Roditi, la propriétaire, accueille ici une clientèle hétéroclite. Les éditeurs du quartier connaissent l'adresse, comme les étudiants de l'institut de langues tout proche. Le savent-ils ? Un pan du mur de Philippe-Auguste est encore visible dans un amphi. Le passage Dauphine sait bien garder ses secrets.

Rooftop Bar de l'Hôtel Dame des Arts

Hôtel Dame des Arts • 4, rue Danton, 6e • M° Odéon • 01 81 69 00 60

Ouvert tous les jours de 16h à 22h30. Réservation en ligne obligatoire (créneau valable deux heures)

Cocktails à partir de 20 €, verre de vin à partir de 15 €

damedesarts.com

360 DEGRÉS SUR PARIS • On pensait avoir tout vu des terrasses perchées sur les toits de la capitale. Mais ce rooftop dominant l'hôtel Dame des Arts, situé en plein Quartier latin, vaut vraiment le coup : on y découvre l'un des plus beaux panoramas à 360 degrés de la capitale. Pas un monument ne manque à l'appel. Mais – et c'est plus rare – la terrasse offre des vues plongeantes vers les ruelles pavées du vieux Paris et quelques terrasses privées qu'on consentirait à tester elles aussi ! En arrivant, on vous conseille de vous rendre à l'accueil pour récupérer le pass permettant de prendre l'ascenseur.

Ralph's

173, boulevard Saint-Germain, 6e • M° Saint-Germain-des-Prés • 01 44 77 76 00

Ouvert tous les jours midi et soir
Terrasse accessible en permanence

Carte 70 €

ralphlauren.fr

MANHATTAN-SUR-SEINE • Le restaurant associé au somptueux navire amiral parisien de Ralph Lauren a de nombreux atouts à faire valoir. À commencer par sa splendide cour pavée et plantée d'un aulne autour duquel sont disposées les tables. À l'origine, de grandes écuries occupaient ce lieu plein de charme, bien avant que le couturier new-yorkais n'entame sa success-story et ne décide d'acheter cet hôtel particulier au cœur de Paris. Comme Ralph Lauren a du goût, il a très peu modifié la structure de l'édifice construit en 1683 et a associé des historiens à la restauration de ce bel écrin de 2 150 mètres carrés. Il est dédié, depuis 2010, à ses collections dans les étages et au restaurant au rez-de-chaussée. Des couverts aux nappes, tout porte le sigle de la marque américaine. La carte puise dans les classiques de la gastronomie d'outre-Atlantique.

Hôtel de l'Abbaye

10, rue Cassette, 6e • M° Saint-Sulpice • 01 45 44 38 11

Tous les jours du petit-déjeuner à 23h30
Terrasse accessible en permanence

Salade de chèvre chaud 18 € • Tarte au chocolat cru bio 10 €

hotelabbayeparis.com

QUIÉTUDE MONACALE • Situé à deux pas de l'Institut catholique, l'hôtel de l'Abbaye occupe l'emprise d'un ancien couvent fondé par les bénédictines au XVIIe siècle. La cave voûtée au sous-sol est l'un de ses vestiges… mais pas l'endroit le plus fréquenté par la clientèle. Les touristes qui posent ici leurs valises ne savent sans doute pas qu'une chapelle occupait le hall de cet hôtel de 44 chambres il y a trois cents ans. Et combien s'arrêtent devant la fine gravure représentant la révérende mère Catherine de Bar, dite Mectilde du Saint-Sacrement, "décédée pleine de vertus et de mérites en son premier monastère du faubourg Saint-Germain, le 6 avril 1698, à l'âge de 83 ans" ? La quiétude – toute monacale – de la terrasse à l'arrière de la bâtisse séduit davantage. Abritées de la chaleur par une végétation dense, quelques tables sont disposées autour d'une fontaine en pierre où les moineaux viennent se désaltérer.

Le Café Jacques

Musée du Quai Branly-Jacques-Chirac • 27, quai Branly, 7e
M° Pont-de-l'Alma • 01 47 53 68 01

Ouvert du mardi au dimanche de 10h à 19h, et tous les jours pendant les vacances scolaires • Terrasse dans le jardin accessible aux beaux jours

Formule déjeuner 28 €

musiam-paris.com/fr/restaurants/cafe-jacques

RÊVE DE PAYSAGISTE • Le musée du Quai-Branly, qui rassemble les collections ethnographiques du musée de l'Homme et celles du musée des Arts africains et océaniens de la porte Dorée, a ouvert ses portes en 2006. Depuis, il ne désemplit pas. Rebaptisé "Jacques-Chirac", il accueille un public assidu, sans doute tombé sous le charme du vaisseau futuriste conçu par l'architecte Jean Nouvel et de l'étonnant jardin de 18 000 mètres carrés imaginé par le paysagiste Gilles Clément. Toutes choses que l'on admire à loisir depuis le Café Jacques, isolé du bruit par une paroi de verre dressée le long de la façade. Les amateurs d'ombre préféreront la partie de la terrasse aménagée sous l'auvent du musée. Le soir, la terrasse offre le spectacle de 1 300 tubes lumineux plantés dans la végétation par l'artiste Yann Kersalé.

Fluctuart

2, port du Gros-Caillou, 7e • M° Invalides • 07 67 02 44 37

Terrasse accessible du mercredi au dimanche de midi à 1h (en été, 7 jours sur 7)

Planche mixte 22 € • Bière 4 € • Cocktail de 9 à 12 €

fluctuart.fr

STREET ART SUR LES FLOTS • Moins bondé que ses voisins du Flow et du Rosa Bonheur, le toit de la péniche du Fluctuart – musée flottant et gratuit ouvert depuis juillet 2019 – offre une terrasse douillette aux amateurs d'art urbain. Petites tables et tabourets modulables, lampes chauffantes, coussins matelassés, plaids colorés, néons acidulés, jeux de société, cubes et bilboquets... Dispatchées ici et là, des planches de skate et des bombes de peinture déguisées en menus. D'un côté, le Grand Palais, le ballet des Bateaux-Mouches et la tête de Méduse du pont des Invalides. De l'autre, des vidéos artistiques projetées sur les berges quand vient la nuit. Les étages inférieurs valent le coup d'œil. Vous y découvrirez une librairie spécialisée dans le street art, les œuvres de la collection permanente (Banksy, JR, Invader...) et des expos temporaires dans la galerie située au ras des flots.

Faust

Pont Alexandre-III, 7e • M° Invalides ou Champs-Élysées-Clemenceau

Terrasse accessible de mai à octobre, tous les jours de 14h à 2h
Guinguette ouverte toute l'année jusqu'à 4h

Pizza à partir de 12 € • Tiramisu 8 € • Spritz 14 €

Instagram : Faust Paris

BALLET DES BATEAUX-MOUCHES • Faust n'est pas la seule terrasse des berges de la rive gauche mais on la reconnaît sans difficulté à son style moderne et sobre. La quête du style, c'est précisément ce qui guide le travail de Didier Faustino, architecte reconnu, et d'Addy Bakhtiar, un des rois de la nuit parisienne, qui sait qu'un nouveau lieu a besoin de trouver son style avant d'espérer trouver son public. Avec ses lignes épurées, le Faust intègre donc sans discussion le petit cercle des adresses branchées. Ses 700 mètres carrés accueillent des concerts, des conférences, des défilés de mode, des performances ou des boutiques éphémères. La terrasse pavée n'a jamais autant de charme que lorsqu'elle est calme et clairsemée. Contemplant le ballet des Bateaux-Mouches, on se surprend à rêver. Les terrasses sont aussi faites pour ça...

Restaurant de la Maison de l'Amérique Latine

Maison de l'Amérique latine • 217, boulevard Saint-Germain, 7e
M° Rue-du-Bac • 01 49 54 75 10

Ouvert du lundi au vendredi, midi et soir • Terrasse accessible d'avril à octobre

Formule déjeuner 36 € • Verre de vin à partir de 9 €

mal217.org

DÉJEUNER SUR L'HERBE • Ah, la belle adresse ! Luxe, calme et volupté se sont donné rendez-vous à la Maison de l'Amérique Latine, l'institution fondée en 1946 à l'initiative du ministère des Affaires étrangères pour développer les échanges entre la France et les pays latino-américains. Déjeuner dans le jardin de deux des plus beaux hôtels particuliers de Paris, l'hôtel de Varengeville (construit en 1704) relié par des salons de plain-pied à l'hôtel Amelot de Gournay (bâti en 1712) inscrit avec son jardin à l'inventaire des Monuments historiques est une expérience qu'on n'oublie pas. La terrasse donne sur un parc à la française tiré au cordeau où la pelouse est tondue de près et les buissons taillés au millimètre. Quelques statues complètent le décor.

La Démocratie

34, boulevard Raspail, 7e • M° Sèvres-Babylone • 07 67 69 85 33

Ouvert du lundi au samedi de 11h30 à 23h30

Menu 30 € • Dessert à 12 €

lademocratierestaurant.com

SUR LES TRACES DU SILLON • Certains lieux sont, dit-on, chargés d'histoire. L'expression s'applique en tout cas à cette cour étroite et profonde à l'arrière du restaurant la Démocratie. Si vous y faites halte aux beaux jours pour boire un verre à l'écart du boulevard Raspail, fermez les yeux et imaginez l'ambiance qui y régnait un siècle plus tôt. Dans les années 1910 affluaient chaque jour les journalistes et les rotativistes de *La Démocratie*, le quotidien diffusant les idées du Sillon, un mouvement prônant les valeurs du christianisme social portées par Marc Sangnier. L'initiale S orne toujours la façade de la salle de rédaction, visible depuis la terrasse fleurie et apaisante. On y déguste une cuisine actuelle et délicate (noix de Saint-Jacques de Normandie, risotto aux cèpes de Castille, puis, en dessert, Fontainebleau, fruits du moment, miel des toits de la Démocratie)... à des prix pas si démocratiques.

Flora Danica

Maison du Danemark • 142, avenue des Champs-Élysées, 8ᵉ • M° George-V
01 44 13 86 26

Tous les jours de 8h à minuit • Brunch scandinave le dimanche de midi à 16h
Terrasse accessible d'avril à octobre

Menu 39 € • Verre de vin à partir de 6,50 € • Brunch 39,50 €

floradanica.fr

GENTILS VIKINGS • Il fut un temps lointain, très lointain, où les Vikings terrorisaient l'Europe au cours de raids sanglants. Les barbares venus du Nord ne menacent plus personne de nos jours, les Danois ne nourrissant pour leurs voisins que des sentiments pacifiés. La preuve avec ce restaurant élégant. Pour profiter du Flora Danica et de sa terrasse sur deux niveaux, il faut s'engager dans le passage qui marque l'entrée de l'édifice construit en 1955 pour promouvoir la culture et l'économie danoises. Le silence étonne dans cette cour si proche de la furie commerciale des Champs-Élysées. La terrasse est aménagée à l'étage, dans la verdure. Moins guindé que l'autre restaurant de la Maison du Danemark, le Copenhague, le Flora Danica propose un grand choix de poissons. Du saumon notamment : au naturel, mariné, fumé ou grillé à l'unilatéral.

Gigi Paris

15, avenue Montaigne, 8e • M° Alma-Marceau • 01 47 23 55 99

Ouvert tous les jours de midi à 15h et de 19h à 23h
Terrasse accessible en permanence

Plat entre 35 et 55 € • Dessert entre 14 et 25 €

gigi-restaurant.com

VAISSEAU DE LUMIÈRE • Premier moment d'hésitation devant la façade – classée aux Monuments historiques – de ce bâtiment au style Art déco. Quelle porte choisir ? Celle du théâtre des Champs-Élysées, une salle des plus prestigieuses de Paris, de Drouot-Montaigne, qui abrite des ventes aux enchères publiques, ou celle de Gigi Paris, un établissement chic doté d'une vue imprenable sur la Seine ? C'est pour cette dernière qu'on optera, menant à un ascenseur d'âge canonique aux boiseries et finitions en cuivre d'origine. "Corbeille", "1re Galerie", "2e Galerie", au dernier étage, changement d'époque, changement de décor. Gigi Paris est un vaisseau de lumière : une baie vitrée dans la salle du bas, une mezzanine et deux terrasses : la terrasse Montaigne offre une vue impressionnante sur le dôme des Invalides et la tour Eiffel tandis que celle du George-V, plus petite, est en retrait de l'avenue:

Le Jardin du Petit Palais

Petit Palais • Avenue Winston-Churchill, 8e
M° Champs-Élysées-Clemenceau • 01 40 07 11 41

Ouvert tous les jours sauf lundi de 10h à 17h, jusqu'à 20h le vendredi
Terrasse accessible de 10h à 17h30, jusqu'à 19h30 le vendredi

Formules déjeuner à partir de 14,90 € • Verre de vin 9 €

petitpalais.paris.fr

PALMIERS ET BASSINS • Il est rare de profiter d'une ambiance si paisible en plein cœur de la capitale. Campées sous le péristyle en demi-cercle, les dix tables de la terrasse ont vue sur les palmiers, les plantes et les trois bassins et sont protégées du soleil par la voûte ornée d'une fresque de Paul-Albert Baudoüin, achevée en 1910, dix ans après l'édification du Palais pour l'Exposition universelle de Paris. Par ailleurs, les tables sont placées de telle sorte que l'on peut incidemment profiter des visites guidées, les conférenciers marquant souvent une pause dans le jardin afin d'y commenter l'histoire de l'édifice. Le café est bel et bien l'une des grandes réussites des travaux de rénovation du Petit Palais au début des années 2000. Il en est une autre : l'auditorium de près de 200 places construit sous le jardin. Des conférences gratuites y sont régulièrement organisées.

Perruche

Printemps de l'Homme (9e étage) • 2, rue du Havre, 9e
M° Havre-Caumartin • 01 40 34 01 23

Rooftop accessible tous les jours de 9h35 à minuit

Plat autour de 45 € • Dessert entre 15 et 25 €

perruche-restaurant.com

LAISSEZ-VOUS GUIDER • Arrivé au neuvième et dernier étage du Printemps de l'Homme, un fléchage à la manière des panneaux indicateurs (Paris-Sydney 17 000 kilomètres, Paris-Pékin 8 000 kilomètres...) laisse le choix. Belvédère, bar ou restaurant ? La première option consiste à s'approcher de la balustrade en surplomb des pilastres qui ornent la façade du vénérable magasin et à regarder autour de soi. Vue imprenable sur la Seine, la tour Eiffel, l'Opéra Garnier et le Sacré-Cœur. Côté bar, un vaste rooftop de 500 mètres carrés est agrémenté de nombreuses essences exotiques et d'espèces buissonnantes. Le restaurant, quant à lui, a eu la bonne idée de se doter d'une baie vitrée pour prolonger le spectacle. À la carte, des plats d'inspiration italienne (risotto, entrecôte de veau milanaise, caponata), parfaitement exécutés par les chefs de l'équipe d'Alexandre Giesbert. Service aux petits soins.

Créatures

Galeries Lafayette Haussmann (8e étage) • 25, rue de la Chaussée-d'Antin, 9e
M° Chaussée-d'Antin-La-Fayette • 01 42 82 34 56

Restaurant et rooftop ouverts tous les jours de 10h à 1h

Salade 18 € • Crumble 13 €

creatures-paris.com/la-terrasse

L'OPÉRA À PORTÉE DE MAIN • Pour voir les Galeries Lafayette sous un autre angle, rendez-vous au 5e étage du célèbre grand magasin. Si vous n'avez pas le vertige, empruntez la "glasswalk", une passerelle aux parois transparentes perchée à 16 mètres du sol et semblant flotter dans le vide. En levant la tête, vous pourrez observer dans le détail la superbe coupole Art nouveau, vieille de plus d'un siècle, qui coiffe l'établissement. D'autres sensations fortes vous attendent deux étages plus haut, sur la dalle du rooftop du magasin Haussmann, ceint de parois vitrées permettant de s'approcher du bord en toute sécurité. Vous voici chez Créatures, le restaurant "créatif et végétarien" de Julien Sebbag. La vue sur Paris y est saisissante et la coupole de l'Opéra Garnier est si proche qu'on imagine pouvoir la toucher du doigt.

BVJ Opéra-Montmartre

1, rue de la Tour-des-Dames, 9e • M° Trinité-d'Estienne-d'Orves • 01 42 36 88 18

Auberge de jeunesse réservée aux adhérents du BVJ • Terrasse dans le jardin accessible aux beaux jours, du jeudi au samedi de midi à 22h

Plat entre 7 et 14 € • Dessert entre 6 et 9 € • Verre de vin à partir de 5 €

bvjhostelparis.com/auberge/bvj-opera-montmartre-3

À L'OMBRE D'UN FIGUIER CENTENAIRE • "Une petite terrasse parisienne", indique sobrement l'affichette apposée sur le portail métallique de l'hôtel de Mademoiselle Mars. Pourtant, l'espace aménagé dans le jardin de cet hôtel particulier bâti au milieu du XVIIIe siècle mériterait un qualificatif plus flatteur. Déjà parce que la terrasse, certes de taille modeste, est pleine de charme, à l'ombre de l'immense figuier qui déploie ses branches dans la cour pavée. Mais aussi parce que le lieu permet de feuilleter quelques pages d'histoire. Parmi ses propriétaires figurent d'éminentes personnalités comme le navigateur Louis Antoine de Bougainville, le maréchal d'Empire Gouvion Saint-Cyr ou la sociétaire de la Comédie-Française Mademoiselle Mars. Transformé après la guerre en auberge de jeunesse, l'hôtel particulier n'est accessible qu'aux adhérents du réseau. La terrasse, en revanche, est ouverte à tous, à condition d'être patient : elle n'est ouverte qu'en été.

La Fantaisie

24, rue Cadet, 9e • M° Cadet • 01 55 07 85 07

Rooftop accessible toute l'année quand la météo le permet

Labneh et olives kalamata 9 € • Mocktail 14 € • Cocktail à partir de 18 €
Verre de vin à partir de 12 € • Soft 9 €

fr.lafantaisie.com

FANTAISIE VÉGÉTALE • Au n° 24 de la rue Cadet, on se demande bien où se niche la fantaisie de cet hôtel à la façade austère qui a nécessité plusieurs années de travaux. Un peu, sans doute, dans la décoration intérieure de la réception et des salons, qui mêlent motifs floraux et imprimés rayés, couleurs vives et tons pastels. Mais c'est en s'aventurant plus loin que l'établissement tient sa promesse. La fantaisie s'invite dans le jardin attenant à la terrasse intérieure, dont le petit chemin serpentant entre des bosquets et de grands arbres mène à deux tables à l'abri des regards. Elle s'exprime surtout sur le toit-terrasse de cet hôtel de luxe, en partie gazonné, et tout entier couvert de végétation. Pommiers, arbousier, anémones du Japon, rosiers, vigne grimpante... et un olivier si massif qu'il ne rentrait pas dans l'ascenseur – il a fallu tracter le végétal par la façade !

Maggie Rooftop

Hôtel Rochechouart • 55, boulevard Marguerite-de-Rochechouart, 9e
M° Pigalle • 01 42 81 91 00

Ouvert aux beaux jours du lundi au vendredi de 12h à 15h et de 17h30 à minuit, samedi et dimanche de 12h à minuit • Pas de réservation

Cocktail à partir de 17 € • Petite faim entre 10 et 12 € • Bière 8 €

orsohotels.com/hotel-rochechouart/maggie-rooftop

SI PRÈS, SI LOIN • Au 9e étage d'un vaisseau Art déco amarré en bordure du boulevard Rochechouart, le Maggie Rooftop offre une vue à 360° sur Paris. Le rooftop y prend des allures de jardin suspendu dont les effluves de romarin, de thym, d'hibiscus ou de lavande flattent les narines du visiteur, et le transportent loin des miasmes de la capitale... Un petit air de campagne à Paris ! Le bar propose des cocktails à base de mezcal, de calvados, de gin ou de vodka ainsi que des compositions sans alcool. Et pour combler les petites faims, une sélection de bouchées maison – nems, gyoza au poulet et aux légumes ou ceviche de daurade – est proposée. On mesure ici combien prendre de la hauteur est une expérience incomparable avec le Sacré-Cœur en ligne de mire. Le temps s'étire doucement tandis qu'une à une les fenêtres de Montmartre s'illuminent. Juste pour nous.

Restaurant Amour

Hôtel Amour • 8, rue de Navarin, 9e • M° Saint-Georges • 01 48 78 31 80

Restaurant ouvert tous les jours de midi à minuit
Terrasse accessible quand le temps le permet

Plat 25 € • Brunch 22 ou 24 €

amour.hotelamourparis.fr

UN AMOUR DE TERRASSE • Un néon rose pour tout repère. Il serait dommage de passer à côté de l'"Amour" sans s'arrêter. Le mot en lettres capitales qui se détache de la façade est également le nom de l'hôtel. Ses 20 chambres, toutes décorées par des artistes – la photographe Sophie Calle s'est chargée de l'une d'elles – se répartissent dans les étages. Au rez-de-chaussée, une belle salle de restaurant se prolonge par un jardin discret. Une vingtaine de tables y sont dressées. Cinq d'entre elles sont installées sur un espace surélevé, adossé à un mur de pierre tapissé de végétation, c'est dire s'il y fait frais l'été. À la carte, les plats sont sans chichis (poireaux vinaigrette, poulet rôti, saucisse grillée), ce qui n'empêche pas la terrasse de l'hôtel de prendre parfois des allures de croisette cannoise en plein festival.

Hôtel Bienvenue

23, rue Buffault, 9e • M° Cadet • 01 48 78 32 18

Restaurant ouvert du mardi au samedi de midi à 14h et de 19h à 22h
Terrasse accessible de 11h à 22h30

Plat du jour 16 € • Menu 22 € • Verre de vin à partir de 6,50 €

hotelbienvenue.fr

LIMONADE AU YUZU OU THÉ GLACÉ MATCHA ? • Ne vous trompez pas d'adresse : quatre hôtels se suivent aux numéros impairs de la rue Buffault, mais seul l'un d'entre eux jouit d'un patio original, agréable et très calme. Le bien nommé hôtel Bienvenue sait recevoir les clients qui s'aventurent sur la terrasse après avoir traversé le long et lumineux hall d'entrée de l'établissement. Au choix, de grandes banquettes adossées à un carré planté d'arbustes ou des tables individuelles, plus intimes. Et s'il vous prend l'envie d'y venir seul, vous pourrez tuer le temps en explorant l'œuvre du peintre Julien Colombier, dont une fresque aux feuillages colorés occupe tout l'espace au sol du patio. À la carte du bar, une belle sélection de vins, des bières artisanales et une limonade au yuzu et concombre, qui rappelle que le Bienvenue abrite également un restaurant aux influences japonaises, coanimé par le chef Florent Ciccoli et la cuisinière et blogueuse Maori Murota.

Les Passerelles

Hôtel Parister • 19 rue Saulnier, 9e • M° Cadet • 01 80 50 91 91

Terrasse et bar ouverts du mardi au samedi de 18h à minuit

Tapas entre 8 et 13 € • Cocktail entre 14 et 16 € • Verre de vin 8 €

hotelparister.com

VERT DOMINANT • Il ne suffit pas d'ajouter quelques arbustes en pots à l'intérieur d'un patio pour transformer une banale terrasse en îlot de fraîcheur. Dès son ouverture en 2017, l'hôtel Parister a doté son patio d'un immense et magnifique massif végétal. Dans ce carré se côtoient rhododendrons, hortensias, rosiers ainsi qu'un élégant érable du Japon. Cette végétation, qui accapare plus de la moitié de l'espace, apparaît telle une oasis pour rafraîchir l'ambiance, à l'heure où le bar à cocktails les Passerelles ouvre ses portes. L'équipe utilise même les plantes aromatiques du massif (mélisse citronnelle, basilic, lavande, laurier, thym, romarin, menthe marocaine ou poivrée...) dans la préparation de ses breuvages ! Certaines chambres, dont trois duplex très prisés, disposent de leur propre terrasse au vert, mais pour les découvrir, pas d'autre choix que de passer une nuit dans cet hôtel 5-étoiles.

Bar du Louxor

Cinéma Le Louxor • 170, boulevard Magenta, 10e • M° Barbès-Rochechouart
01 44 63 96 98

Bar ouvert du lundi au vendredi de 18h à 23h,
le samedi de 17h à 23h30, le dimanche de 13h à 21h
Rooftop accessible quand le temps le permet

Cocktail 9 € • Verre de vin 5 €

cinemalouxor.fr

MOSAÏQUES EN MAJESTÉ • "Le bar n'est pas un coupe-file" précisent plusieurs affichettes placardées à l'entrée puis dans l'escalier menant à la terrasse. Nous voilà prévenus, même si nous n'avions pas l'intention de resquiller mais de profiter quelques instants du mini-bar ouvert au dernier étage du cinéma. Le Louxor est d'abord une salle d'art et d'essai, et sans doute l'une des plus reconnaissables de la capitale par sa façade néo-égyptienne aux mosaïques bleu et or. Cette référence à l'Égypte antique, prisée dans les constructions architecturales de l'entre-deux-guerres, inspire aussi les motifs sinueux de la terrasse, qui offre une vue plongeante sur le métro aérien, de vingt ans plus âgé que l'antique cinéma.

Restaurant Grand Amour

18, rue de la Fidélité, 10e • M° Gare-de-l'Est
01 44 16 03 30

Restaurant ouvert de 8h à 23h30, bar ouvert de 18h à 2h
Terrasse accessible en permanence

Saucisses cocktail 13 € • Cocktail à partir de 13 € • Verre de vin 6 €

grandamour.hotelamourparis.fr

NOUVEL AMOUR • Pour trouver le Grand Amour, il faut filer rue de la Fidélité (ça ne s'invente pas), près de la gare de l'Est. Au numéro 18, un néon rose, comme rue de Navarin (voir page 48), vous invite à pousser la porte. La salle du café-restaurant de l'hôtel est classique et accueillante mais vous serez avant tout conquis – et plus si affinité – par le patio attenant, à la décoration déclinant deux couleurs : le rose et le blanc. On vient surtout pour le charme de la terrasse car certains déplorent un service un peu expéditif et des plats pas toujours à la hauteur du cadre. Un cocktail fera donc l'affaire !

Café A

Couvent des Récollets • 148, rue du Faubourg-Saint-Martin, 10e
M° Gare-de-l'Est • 09 81 29 83 38

Ouvert dimanche et lundi de 10h à 17h et du mardi au samedi de 10h à 2h
Brunch le week-end de midi à 16h • Terrasse accessible tous les jours jusqu'à 23h

Assiette de fromage ou de charcuterie autour de 16 €
Brunch 29 €

cafea.fr

COUVENT À TOUT FAIRE • Derrière le mur d'enceinte de l'ancien couvent des Récollets se cache une terrasse animée. Successivement couvent, caserne de la Garde nationale, atelier de filature, hospice, hôpital militaire, école d'architecture, squat d'artistes... le bâtiment abrite aujourd'hui le Conseil de l'ordre des architectes d'Île-de-France et la Maison de l'architecture. Il est aussi l'épicentre des activités culturelles du Centre international d'accueil et d'échanges des Récollets et un lieu de résidence de chercheurs et d'artistes étrangers. Le jardin accueille quant à lui un public plus large, qui cherche un peu de fraîcheur sous la tonnelle de la terrasse de plain-pied ou se déporte vers celle située en contrebas, avec ses transats et ses parasols.

Point Éphémère

200, quai de Valmy, 10e • M° Jaurès • 01 40 34 04 06

Ouvert du mardi au dimanche de midi à 2h (fermé le lundi et le mardi midi)
Brunch le week-end • Terrasse ouverte en permanence • Rooftop ouvert aux beaux jours, du lundi au vendredi de 18h à 23h, le week-end de 15h à 23h

Burger-frites 14 € • Verre de vin à partir de 3 €

pointephemere.org

DOCK RELAX ET DYNAMIQUE • Le Point Éphémère est le “centre de dynamiques artistiques” qui occupe, en bordure du canal Saint-Martin, les 1400 mètres carrés laissés vacants après la fermeture du magasin de matériaux Point P. Du dynamisme, le lieu n’en manque pas quand les pompiers de la caserne adjacente partent en intervention toutes sirènes hurlantes ou que des groupes de rock règlent les balances portes ouvertes… Mais le nouveau rooftop de ce Point Éphémère offre de s’affaler tranquillement dans un transat, de consulter la programmation de danse et de musique ou de siroter un cocktail tout en profitant de la vue sur le canal. Des tables sont également disponibles sur la terrasse en rez-de-quai. L’équipe du collectif Usines Éphémères qui anime le centre depuis 2004 a su créer sur l’ancien dock de l’Est parisien un lieu alternatif et pas sectaire, relax… et dynamique.

Khayma Rooftop

Generator Hostel • 9-11, place du Colonel-Fabien, 10e
M° Colonel-Fabien • 01 70 98 84 00

Bar et rooftop ouverts du jeudi au samedi de 17h à 22h

Planche mixte charcuterie-fromage 15 € • Verre de vin 5,50 €

Facebook : Khayma Rooftop

SI PRÈS DE LA BUTTE • De la place du Colonel-Fabien, on connaît davantage la silhouette du siège du Parti communiste, dessiné par l'architecte brésilien Oscar Niemeyer, que le profil du résistant qui lui laissa son nom. Le Generator Hostel, quant à lui, passe totalement inaperçu dans le paysage. Pourtant, sa terrasse ne manque pas de charme. Avec ses tables en bois et ses fauteuils suspendus, elle offre une vue bluffante sur les coteaux de la butte Montmartre et les dômes du Sacré-Cœur. À la tombée du jour, cet endroit calme se transforme souvent en dancefloor endiablé. Mais pour éviter que le DJ aux manettes ne monte exagérément le son, un capteur affiche en direct les décibels crachés par la sono.

La Sardine

32, rue Sainte-Marthe, 10e • M° Colonel-Fabien ou Goncourt
01 42 49 19 46

Ouvert du lundi au vendredi de 9h à 2h, le week-end de 10h à 2h
Terrasse accessible en permanence, couverte et chauffée en hiver

Menu midi (en semaine) 16,50 € • Dessert 4,50 €

Facebook : Bar La Sardine

S'ESQUINCHER EN TERRASSE • La couleur bleu azur des chaises pliantes rappelle immanquablement les journées sans nuage qui incitent à laisser le temps filer. Dans ce cas, pourquoi ne pas buller à la terrasse de la Sardine, l'un des bistrots de la place Sainte-Marthe ? Les habitants de cet îlot encore (un peu) populaire et (de plus en plus) bobo à la lisière des 10e et 19e arrondissements n'hésitent pas à donner l'exemple. À l'arrivée des beaux jours, ils viennent "s'esquincher" (s'agglutiner) aux tables installées dehors. Le terme est provençal. Comme l'expression : celle de la sardine qui bouche le Vieux-Port de Marseille. La topographie de la place Sainte-Marthe joue en faveur de cette envie de se laisser vivre. Le terrain accuse une légère pente qui fait glisser les assiettes vers la table voisine : une excellente occasion de lier conversation.

Le Comptoir Général

80, quai de Jemmapes, 10e • M° République ou Goncourt
01 44 88 24 48

Ouvert mardi et mercredi de 18h à 1h, jeudi et vendredi de 18h à 2h, samedi de 11h à 2h et dimanche de 11h à 1h

Verre de vin à partir de 7 €

lecomptoirgeneral.com

BRANCHÉ ET BOHÈME • Sans la file qui se reconstitue chaque fin d'après-midi, on ne croirait pas qu'une terrasse se cache au bout de "l'allée silencieuse" (c'est en tout cas la consigne affichée par les résidents). Le Comptoir Général – un ancien hangar – s'articule en réalité entre plusieurs salles de styles différents, déco hacienda mexicaine pour l'une, cantine bohème pour une autre. Il abrite aussi une jolie terrasse, idéal pour déguster un *long drink* accompagné de quelques tapas. Si le week-end on s'y bouscule, le lieu retrouve suffisamment de calme en semaine pour pouvoir entendre le piaillement des moineaux et le bourdonnement de quelques abeilles qui butinent les bougainvilliers.

Le Perchoir Ménilmontant

14, rue Crespin-du-Gast, 11e • M° Parmentier ou Ménilmontant
01 89 71 14 62

Bar ouvert du mardi au samedi de 18h à 1h30
Restaurant Tontine (6e étage) ouvert du mardi au samedi à partir de 19h30

Cocktail autour de 14 €

leperchoir.fr/location/le-perchoir-menilmontant

L'ART DU PERCHOIR • C'est par un monte-charge quelconque qu'on accède à ce rooftop qui ne manque pas de cachet. Jugez plutôt : un toit-terrasse de 400 mètres carrés avec vue dégagée sur les rondeurs de Montmartre, les cimes du Père-Lachaise et les immeubles de bureaux encore éclairés à l'heure où le Perchoir allume ses guirlandes ! En présentant ce bar comme “un lieu caché dans Paris”, sans plus de précision, les trois concepteurs du lieu ont déclenché à son ouverture en 2013 une curiosité contagieuse. Le saviez-vous ? L'ascenseur du Perchoir n'étant pas assez large, il a fallu faire construire un escalier métallique de 120 marches pour permettre aux pompiers d'accéder à la terrasse.

Grand Bleu

Port de l'Arsenal • 67, boulevard de la Bastille, 12e • M° Bastille
06 60 99 08 08

Ouvert du mercredi au dimanche de 17h à 2h
Terrasse accessible quand le temps le permet

Pizza autour de 16 € • Cocktail 12 €

grandbleu-bastille.com

PORT DE PLAISANCE • En plein Paris, le port de l'Arsenal se la coule douce, les pieds dans l'eau, la tête levée vers le génie de la Bastille. Ça n'est pas la rade de Brest ou les quais de La Rochelle, c'est entendu, mais 230 bateaux peuvent tout de même s'y amarrer. Il s'agit bien d'un vrai port de plaisance, agrémenté depuis 1983 d'un jardin public d'un hectare avec pergola, roseraie, aire de jeux pour les enfants. Et un café-restaurant, Grand Bleu, qui a fait peau neuve en 2018. Le restaurant compte une jolie terrasse au 1er étage, une autre de 60 couverts à l'ombre des érables et des saules. Et quelques tables situées au bord de l'eau d'où l'on peut admirer le ballet des péniches et des voiliers. Le cri des mouettes et le bruit des drisses claquant contre les mâts en prime.

La Démesure sur Seine Est

69, port de la Rapée, 12e • M° Gare-d'Austerlitz • 06 48 16 76 50

Ouvert tous les jours de midi à 2h : Barapapa de 11h à 2h, Barbanegra de 18h30 à 2h

Assiette à partager 20 € • Verre de vin à partir de 6 €

3615demesure.com

SOUS LES LAMPIONS • À quelques pas de la gare de Lyon, les quais du port de la Rapée accueillent depuis quelques étés un chapelet de guinguettes propres à rivaliser avec leurs grandes sœurs des bords de Marne. La Démesure sur Seine, péniche du restaurant éponyme, a installé un bar à cocktails de 900 mètres carrés sur le quai. Le soir, sous les arbres, les lampions éclairent d'une lumière douce et joyeuse les convives qui se partagent au coude-à-coude des grillades préparées au barbecue. Les jours de grisaille, on peut se réfugier à bord et profiter de la programmation du club électro. Au Barapapa voisin, on est plus "food bar que street food". Décryptage : on y propose de bons petits plats italiens. En prime, ping-pong, babyfoot, bals et DJ sets, vente d'artisanat d'art tout l'été. Le Barbanegra, "terrasse all inclusive", affiche son tropisme méditerranéen sous le slogan "music live, cocktails, friends and love".

Ground Control

81, rue du Charolais, 12e • M° Reuilly-Diderot, Montgallet ou Gare-de-Lyon

Terrasse accessible du mercredi au jeudi de midi à minuit,
le vendredi de midi à 1h, le samedi de 11h à 1h, le dimanche de 11h à 22h30

Plat autour de 15 € • Bière 3,50 €

groundcontrolparis.com

BIENVENUE À BORD • On entre au Ground Control en passant sagement par le 81, rue du Charolais ou en jouant les Harry Potter et en longeant la voie 23 de la gare de Lyon. Ici, pas de quai 9 3/4 pour le *Poudlard Express*, mais un petit passage qui se faufile sur la gauche. À la nuit tombée, impossible de manquer les loupiottes striant le ciel de zigzags façon guinguette géante : 1 500 mètres carrés de terrasse arborée pour 4 500 mètres carrés de halle couverte, sur l'ancien site de tri postal de la SNCF. Ici, pas de food trucks mais une enfilade de wagons-gargotes (indien, grec, taïwanais, italien, mexicain...). On prend place sur des transats, à des tables de pique-nique ou, en cas de forte affluence, sur les marches du hangar.

Rooftop de l'hôtel MK2 Paradiso

Hôtel Paradiso • 135, boulevard Diderot, 12e • M° Nation
01 88 59 20 01

Ouvert tous les jours de 10h à 23h

Cocktail entre 7 et 18 € • Petite faim entre 7 et 27 € • Bière 7 €

mk2hotelparadiso.com

SUR L'ÉCRAN NOIR DE NOS NUITS BLANCHES • L'hôtel Paradiso connaît ses classiques… ce qui n'étonne guère quand on sait que les frères Karmitz, fils du créateur des cinémas MK2, ont imaginé ce premier cinéma-hôtel. Chaque chambre y est équipée d'un écran de trois mètres de large prêt à accueillir une sélection de films renouvelée chaque semaine et d'une connexion aux meilleures plateformes VOD. Une programmation dont le modeste *Cinéma Paradiso* de Giancaldo (Giuseppe Tornatore, 1989) n'aurait pas même rêvé ! Ici, l'expérience se prolonge en plein air, aux beaux jours et à la nuit tombée, sur le toit-terrasse de l'hôtel, tout en sirotant un cocktail. En prime, une vue imprenable ; c'est le scénario idéal pour profiter de Paris… comme au cinéma. Le bar du rooftop est fermé en hiver.

The People ParisNation

28 bis, place de la Nation, 12e • M° Nation
09 78 36 20 28

Ouvert tous les jours de 7h à 1h

Cocktail entre 9 et 12 € • Pizza entre 9 et 16 € • Salade entre 16 et 17 €

thepeoplehostel.com/fr/destinations/paris-nation

MILLENNIALS PARADISE • Oubliez les auberges de jeunesse de papa ! L'accueil, la déco et le style racontent ici une tout autre histoire. Après Belleville, The People se duplique place de la Nation en ouvrant une sœur jumelle agrémentée elle aussi d'une terrasse en altitude. Côté carte, les pizzas sont à l'honneur mais vous pouvez opter aussi pour des salades gourmandes, des ravioles ricotta épinard sur lit de roquette ou encore une burrata crémeuse à souhait escortée de tomates cerise. Cette auberge de jeunesse plutôt stylée compte près de 200 lits, en dortoir ou en chambre individuelle, dont quelques-unes donnent sur le rooftop. À ses bienheureux occupants comme aux clients du bar s'offre une vue en surplomb sur la place et son ballet ininterrompu de voitures et de vélos. Plus inspirant encore, la vision panoramique sur Paris, où se détachent les silhouettes élégantes de la tour Eiffel et du Sacré-Cœur.

Le Papa Cabane

Rue Paul-Belmondo, 12e • M° Cour-Saint-Émilion
06 07 63 01 70

Terrasse accessible de juin à août,
du mercredi au dimanche de 18h à 23h

Planche mixte 20 € • Verre de vin 5 €

Instagram : Le Papa Cabane

ENVIE DE "CHILLER" ? • La terrasse estivale du Papa Cabane, c'est un millier de mètres carrés, un mobilier de palettes, un DJ... dans une cabane, plein de coussins multicolores, des terrains de pétanque ou autres mölkky (quilles finlandaises), un babyfoot et des tables de ping-pong. Situé à l'arrière de l'AccorHotels Arena, il faut quand même un peu d'imagination pour s'y sentir en vacances, même avec un pastis en main. Le concept séduit cependant, tant le besoin de profiter de la moindre fenêtre de tir pour "chiller" est frénétique chez le Parisien. L'espace, plutôt minéral, est adouci par le bois, les arbres en pot et quelques jardinières. Il est animé par des food trucks et un bar à cocktails, et accueille tous les jeudis un DJ set de 18 à 23 heures. Pour la programmation et l'actu de Papa Cabane, il suffit de se rendre sur sa page Instagram.

La Javelle Guinguette buissonnière

Bercy Beaucoup • Face au 20, boulevard Poniatowski, 12e
M° Cour-Saint-Émilion ou Porte-de-Charenton

Ouvert du lundi au vendredi de 17h à minuit, le week-end de 12h à minuit

Pizza de 9 à 17 €

lajavelle.com

FOUTRAQUE ET INVENTIF • Géré par les associations Yes We Camp et Aurore, Bercy Beaucoup est un tiers-lieu regroupant un centre d'hébergement, une ressourcerie, un jardin, mais aussi une guinguette. Ceux qui regrettent l'ambiance de l'ancienne Javelle au parc André-Citroën retrouveront ici les ingrédients qui ont fait son succès : de la place au grand air, un esprit guinguette, des bals dans une ambiance décontractée... Un espace un peu foutraque au bord de l'ancienne Petite Ceinture. Car le lieu dispose d'un précieux atout : son absence de voisinage, qui permet aussi bien d'y faire du bruit que de profiter du calme des jardins. Impossible d'énumérer toutes les activités proposées – scènes ouvertes, blind test, DJ set, karaoké – il vous faudra les suivre sur les réseaux si vous ne voulez pas être rapidement distancé. Ça se passe le plus souvent à partir de 19h sauf les dimanches où une kermesse est organisée pour les plus jeunes dans l'après-midi.

Le Poisson Lune

293, rue Daumesnil, 12e • M° Porte-Dorée

Ouvert de mai à mi-octobre, du mardi au dimanche de 16h à minuit (à partir de midi le week-end)

Bière 4 € • Verre de vin à partir de 3,50 €

Facebook : Le Poisson Lune

APÉRO ENTRE AMIS • Une façade Art déco, un bus londonien, une paillote caribéenne, une baleine en bois, des lampions, une aire de jeux pour les petits, une scène musicale… Telle est la recette de la terrasse qui a joyeusement envahi le parvis du palais de la porte Dorée : festive, familiale et conviviale. Aux deux bars, on boit plutôt local, les grandes marques de sodas étant proscrites. La restauration est assurée par les incontournables food trucks. Ici, l'économie circulaire et l'agriculture raisonnée sont mises à l'honneur. Les ateliers de méditation, les soirées jeux, les séances d'initiation au cross boxing et les marchés des créateurs s'enchaînent tout l'été. Les enfants sont aussi les bienvenus, protégés de la route par une palissade.

Rosa Bonheur à l'Est

Chalet de la porte Jaune, lac des Minimes, 12e • RER Fontenay-sous-Bois ou Nogent-sur-Marne. M° Château-de-Vincennes (20 minutes de marche)

Ouvert jeudi et vendredi de 17h à 1h, mercredi, samedi et dimanche de midi à 1h

Cocktail 11 € • Tapas entre 6 et 12 € • Barbecue 12 € • Bière 4 €

rosabonheur.fr/rosa-est

LE CHALET ROUGE DE LA PORTE JAUNE • Sur un îlot du lac des Minimes, au bois de Vincennes, l'équipe de Rosa Bonheur a magistralement rénové un ancien pavillon Napoléon III, construit en 1860. Une immense terrasse donnant sur le lac est un véritable havre de paix, convivial, champêtre et verdoyant ; c'est sûrement la seule terrasse parisienne qu'on puisse rejoindre – aussi – en barque ! Rosa Bonheur signe ici un retour aux sources et en tous cas à l'esprit qui a fait son succès aux Buttes-Chaumont. Ce copié-collé du prototype originel se déploie sur quelque 8 000 mètres carrés et permet de profiter du coucher du soleil en pleine nature, tandis que cygnes et canards s'ébattent aux alentours. Au menu, barbecue, tapas, pizzas au four à bois et même un stand d'écailler. Camargue, Espagne et Italie sont à l'honneur. La guinguette accueille concerts et DJ résidents mais aussi d'autres activités : chorale, initiation au krav-maga ou ciné en avant-première.

La Felicità

Station F • 5, parvis Alan-Turing, 13e
M° Chevaleret ou Bibliothèque-François-Mitterrand

Ouvert la semaine de 9h à minuit et le week-end de midi à 1h

Pizza autour de 15 € • Bière artisanale à partir de 4 €

lafelicita.fr

FOOD MARKET SOUS LA HALLE • La Felicità est à l'image de la station F – plus grand campus de start-up au monde – qui lui sert d'écrin : un espace XXL de 4 500 mètres carrés avec huit cuisines et trois bars. Il faut se frayer un passage dans les allées de cet immense *food market*, bondées aux heures des repas, pour rejoindre l'espace trattoria, tester le corner à hamburgers ou s'initier à la culture des "bowls". Pour cela, rendez-vous dans les wagons stationnant sous la voûte de l'ancienne halle Freyssinet. Les sets de DJ ajoutent encore à l'ambiance le week-end. Pour ceux qui préfèrent le calme, direction les terrasses de la Felicità, habillées de fanions et de parasols. Enfin, le bon plan pour éviter la queue au camion à pizzas : passer commande *via* l'appli La Felicità. On reçoit une notification quand c'est prêt !

Petit Bain

7, port de la Gare, 13e • M° Bibliothèque-François-Mitterrand
ou Quai-de-la-Gare • 06 65 44 03 10

Ouvert du mardi à dimanche de 18h à minuit (jusqu'à 1h vendredi et samedi)
Terrasse accessible toute l'année, couverte et chauffée en hiver

Plat autour de 15 € • Verre de vin 6 ou 7 €

petitbain.org

TOUT SAUF UN "BRONZIBAR" ! • Un petit bain à quelques pas de la piscine flottante Joséphine-Baker ? En réalité, ce "petit bain" est d'abord celui dans lequel se jettent les jeunes artistes qui s'aventurent sur la scène aménagée au premier niveau de l'embarcation. Plongée dans l'inconnu aussi pour les chômeurs de longue durée, les personnes en contrat d'insertion qui travaillent à bord pour se familiariser aux métiers de la restauration et du spectacle. Tel était le projet de Ricardo Esteban et de Fabrice Boy lorsqu'ils répondirent à l'appel d'offres du port autonome qui cherchait à animer les berges de Seine. Pari tenu depuis 2011. Sachez donc que ce Petit Bain a du sens, clamant que son rooftop, avec sa vue à 360 degrés et son potager suspendu, "n'est pas un bronzibar de plus".

Bateau El Alamein

10, port de la Gare, 13e • M° Bibliothèque-François-Mitterrand
ou Quai-de-la-Gare • 06 88 99 20 58

Ouvert à partir de 15h30 • Terrasse accessible d'avril à octobre

Verre de vin 4,50 € • Cocktail 10 €

bateauelalamein.com

OASIS FLEURIE • Pas évident de trouver un brin de fraîcheur dans le quartier minéral de la bibliothèque François-Mitterrand les jours de franc soleil. Le parvis qui s'étire entre les quatre tours-livres de Dominique Perrault est un four et le jardin que l'architecte a conçu au pied de la bibliothèque n'est pas ouvert au public. Le salut vient du port de la Gare, où plusieurs péniches sont amarrées et dûment numérotées. Un matricule dont la péniche café-concert El Alamein pourrait se passer tant elle est repérable avec sa coque et sa cabine couleur parme, son ponton envahi de végétation et son bastingage couvert de plantes vertes... Un véritable jardin flottant est aménagé en terrasse avec une trentaine de places. L'endroit offre une fraîcheur idéale pour prendre un verre en attendant le concert de 21 heures.

Wanderlust

Les Docks - Cité de la mode et du design • 32, quai d'Austerlitz, 13e
M° Gare-d'Austerlitz

Ouvert tous les jours de midi à minuit

Plat autour de 20 € • Verre de vin à partir de 7 €

Instagram : Wanderlust Paris

SACRÉ "TRUC VERT" • Depuis le pont d'Austerlitz, la structure au profil de vague ondulante des Docks - Cité de la mode et du design ressemblent à un vaisseau sorti tout droit d'un épisode de *Star Trek*. Le "truc vert", comme l'a jadis qualifié Nicolas Sarkozy, imaginé par le cabinet Jakob + MacFarlane, accueille l'Institut français de la mode et une galerie de boutiques qui s'étire le long de la Seine. Sans oublier l'immense terrasse de 1 600 mètres carrés. Tout y est : plats sophistiqués du restaurant, babyfoot, soirée DJ, marché, ateliers créatifs du week-end, yoga en plein air, farniente en transat ou grimpette sur le toit-terrasse. Là-haut sont installés le Café Oz Rooftop – DJ, snacking et retransmissions sportives, la recette de cette enseigne australienne – et Debonair Café, une "cabane musicale" où DJ inspirés et cocktails inattendus vous accompagneront jusqu'au bout de la nuit.

L'Entrepôt

7, rue Francis-de-Pressensé, 14e
M° Pernety • 01 45 40 07 50

Ouvert du mardi au samedi matin et soir (sauf mardi midi)

Menu midi 29 €

cinemalentrepot.fr/restaurant-bar

ENTREPÔT MULTITÂCHE • Restaurant (bien) caché, l'ancien Entrepôt, créé dans les années 1970 par le journaliste-écrivain Frédéric Mitterrand, abrite toujours une salle de cinéma d'art et d'essai. Il cache aussi un vaste restaurant doté d'une grande véranda. Les habitués apprécient tout particulièrement la terrasse ouverte l'été à l'arrière de la salle. Une vingtaine de tables seulement, à l'ombre des platanes d'une ancienne allée qui menait, dit-on, à un presbytère aujourd'hui disparu.

Cité Universitaire Internationale de Paris

17, boulevard Jourdan, 14e • M° Porte-d'Orléans ou RER Cité-Universitaire

Comptoir coréen de la Maison de la Corée du Sud,
ouvert tous les jours de midi à 15h et de 19h à 22h

Cafétéria de la Maison Heinrich-Heine, ouverte tous les jours de 10h à 23h

Café du Théâtre de la Cité, ouvert du lundi au samedi de midi à 18h30

Bibimbap 10 € • Thé en gelée 3 €

ciup.fr/services/restauration

NATIONS UNIES MINIATURES • Sortie de terre dans l'entre-deux-guerres, la Cité internationale voulait répondre à la crise du logement étudiant à Paris. Elle entendait contribuer aussi à l'entente entre les peuples. Objectif atteint si on en juge à la diversité des étudiants croisés dans les allées de ces Nations Unies miniatures. Certains d'entre eux s'accordent une pause au Comptoir coréen, dont la terrasse longe la baie vitrée de la toute jeune Maison de la Corée du Sud, inaugurée en 2018. La Maison Heinrich-Heine, érigée en 1956 par l'Allemagne, abrite une cafétéria-terrasse. Mais vous préféreriez peut-être celle du théâtre de la Cité internationale, installé dans l'aile ouest du pavillon principal, baignée de lumière, face à la grande pelouse du campus.

Pedzouille la Grange

Rooftop du Novotel • 4, avenue de la Porte-de-la Plaine, 15e
M° Porte-de-Versailles • 01 88 33 23 69

Ouvert tous les jours de 12h à 14h et de 19h à 22h

Entrées 8 à 14 € • Plats 19 à 26 € • Desserts à partir de 9 €

Pedzouille.fr

AUBERGE D'ALTITUDE • Après l'Étable dans le 10e, la Bassecour dans le 2e, le groupe Pedzouille ouvre la Grange, une grande table d'hôtes perchée sur le toit d'un hôtel situé à deux pas de la porte de Versailles. La déco y est bluffante : longues tables en bois, chaises dépareillées, bottes de foin et armoires paysannes dans lesquelles les bouteilles sont exposées derrière du grillage à poule. La vue sur la tour Eiffel semble presque incongrue depuis cette "petite maison dans la prairie". À la carte de cette auberge d'altitude, des produits authentiques de la cuisine française : bœuf charolais, poulet jaune ou canard des Landes cuit au feu de bois, mais aussi des poissons – bars, éperlans et autres daurades. Le Pedzouille la Grange a su résister aux sirènes du burger et propose un plat végan au menu. Les cocktails et bières aussi revendiquent leur cocoricotitude. Deux bars extérieurs complètent le restaurant : la Buvette... et l'Abreuvoir bien sûr !

Restaurant Villa M

Villa M • 24-30, boulevard Pasteur, 15e • M° Pasteur • 01 70 61 70 40

Ouvert tous les jours de 17h à 21h, jeudi, vendredi et samedi jusqu'à 1h
Réservation sur le site

Plat autour de 30 € • Dessert 14 €

hotelvillam-paris15.com/restaurant-bar

TANT QU'ON A LA SANTÉ • Villa M ? Vous voulez dire villa Médicis, peut-être ? Pas du tout puisque c'est à Paris et non à Rome que cette villa-ci offre son belvédère. Ce complexe hôtelier voulu par le groupe Pasteur Mutualité est destiné aux professionnels de la santé et, plus largement, à tous ceux qui prennent leur bien-être au sérieux. Sous la direction artistique de Philippe Starck, l'agence d'architecture Tryptique et l'atelier paysagiste Coloco ont conçu un lieu qui ne ressemble pas franchement à un hôpital mais offre des espaces de co-working, une galerie art et santé, un centre de conférences, un club de boxe et de fitness, un restaurant et un bar. Ce bâtiment jardin se distingue par sa façade végétalisée, laquelle se poursuit par un vaste rooftop planté d'arbres fruitiers avec vue sur le dôme des Invalides en prime.

IlVolo

Novotel Paris Vaugirard (7e étage) • 257, rue de Vaugirard, 15e
M° Vaugirard • 01 40 45 10 47

Ouvert tous les jours de mai à septembre de 17h à minuit

Verre de vin à partir de 8 € • Antipasti entre 8,50 et 18,50 €

Instagram : IlVolo Paris

PLEIN LA VUE • Rénové en 2020 par Jean-Philippe Nuel, le nouveau bar de l'hôtel Novotel vaut le détour. Entre bois et tissus bleus, la déco intérieure décline le thème de l'oiseau et de son envol, et fait écho à la structure métallique de la façade, en forme de nid. Le mixologue Matthias Giroud propose cinq recettes de cocktails dont le Nid de Paris (Gin Tanqueray infusé au foin, liqueur de fleur de sureau et Tonic concombre hysope), présenté dans... un œuf ! On accompagne ces cocktails d'antipasti signés Denny Imbroisi – le chef d'origine italienne propose notamment de la burrata, des calamars frits, des sardines à l'huile d'olive, de la bruschetta, des arancini à la truffe et au ragout. Tous les jeudis, un DJ vient mixer : ambiance garantie face à la mer des toits de Paris et son phare, la tour Eiffel.

Molitor

13, rue Nungesser-et-Coli, 16e • M° Porte-d'Auteuil ou Exelmans
01 56 07 08 50

Rooftop ouvert à partir de mai, tous les jours de 10h à 1h

Cocktail 18 €

all.accor.com

NOUVEAU DÉPART • Molitor, c'était la piscine Art déco des années 1930 inaugurée par la star Johnny Weissmuller ; la mode des premiers bikinis ; les trois galeries de cabines où il fallait voir autant qu'être vu. Aux confins du 16e arrondissement et du bois de Boulogne, le bassin en plein air classé aux Monuments historiques fut détruit en 2012. Mais le mythe ne s'est pas définitivement éteint et Molitor a su se réinventer. L'établissement compte aujourd'hui 124 chambres, un spa, une "brasserie urbaine" et un beau rooftop qui domine le nouveau bassin. Hélas, la piscine est réservée aux membres du club et aux clients de l'hôtel. Vous pourrez l'admirer depuis le bar à cocktails, en feuilletant la carte estivale concoctée par le chef Martin Simolka qui propose une cuisine organique et végétale.

Le Chalet des Îles

14, chemin de Ceinture du lac inférieur du bois de Boulogne, 16e
RER Avenue-Henri-Martin • 01 42 88 04 69

Ouvert du mercredi au dimanche de midi à 2h
Terrasse accessible de mi-mars à mi-octobre

Formule déjeuner 31 €

chalet-des-iles.com

POUR UNE BELLE ESPAGNOLE • Le Chalet des Îles, au cœur du bois de Boulogne, a d'abord été un cadeau offert par Napoléon III à l'impératrice Eugénie. Comme la belle Espagnole était tombée sous le charme de cette bâtisse dessinée par un architecte de Berne, l'empereur la fit démonter pour la réinstaller là où elle se trouve encore aujourd'hui. Sur cet îlot ombragé par des arbres centenaires, on n'entend rien d'autre que le cancanement des canards. Pas d'autres visiteurs que les passagers de la navette et quelques paons arpentant nonchalamment les terrasses du Chalet. Le restaurant-salon de thé s'étend sur plusieurs niveaux mais il n'est pas possible d'y réserver une table. Peu importe, on patiente avantageusement au bar du Chalet, en jouissant d'une vue imprenable sur le lac et ses alentours.

Girafe

Palais de Chaillot • 1, place du Trocadéro-et-du-11 Novembre, 16e
M° Trocadéro • 01 40 62 70 61

Ouvert du lundi au vendredi de midi à 14h30 et de 19h à 2h,
le week-end de 12h30 à 16h et de 19h à 2h

Plats autour de 40 €

girafe-restaurant.com/paris

BRISE MARINE • Un vent marin souffle sur le palais de Chaillot. Installé depuis 2018 dans l'aile Est de l'édifice, avant-poste de la Cité de l'architecture et du patrimoine, le restaurant Girafe est le bateau-phare de l'équipe Gilles Malafosse et Laurent de Gourcuff (Loulou, voir page 11, Monsieur Bleu, Perruche, voir page 43). Ils y proposent l'une des plus belles cartes de fruits de mer et de poissons de Paris, sélectionnés par le chef Benoît Dargère. Revisitant l'architecture d'origine du palais datant de l'Exposition universelle de 1937, Girafe s'est doté d'une salle Art déco. Sa terrasse, telle la proue d'un paquebot survolée par les mouettes qui viennent se poser sur l'imposante épaule de la statue d'Apollon de Bouchard, offre une vue privilégiée sur la tour Eiffel, à l'abri de la foule qui arpente le parvis.

Forest

Palais de Tokyo • 11, avenue du Président-Wilson, 16e
M° Iéna ou Alma-Marceau

Ouvert tous les jours midi et soir

Plats autour de 30 € • Cocktail 20 €

forest-paris.com

DEUX LIEUX, DEUX AMBIANCES • À droite, le centre d'Art Contemporain, à gauche, le musée d'Art Moderne de la Ville de Paris se partagent les deux ailes du singulier Palais de Tokyo. Conçu pour l'Exposition universelle de 1937, le bâtiment ne sera officiellement inauguré et pérennisé que dix ans plus tard. Aujourd'hui, une immense terrasse abrite la nouvelle adresse du chef Julien Sebbag, baptisée Forest, en hommage au morceau mythique du groupe The Cure. Le jeune prodige des fourneaux dépote des plats de saison inoubliables, comme les pleurotes flambées au mezcal, crème de champignons bruns, rhubarbe pickles, accompagnés d'huile de persil et micro-pousses de petits pois. Ici, le végétal est à l'honneur et les assiettes n'ont rien à envier aux œuvres artistiques exposées à l'intérieur du musée !

Raphael La Terrasse

Hôtel Raphael Paris • 17, avenue Kléber, 16e
M° Charles-de-Gaulle-Étoile • 01 53 64 32 11

Ouvert tous les jours de midi à 23h
Terrasse accessible d'avril ou mai à septembre

Plat autour de 40 € • Verre de vin 26 €

raphael-hotel.com

PANORAMIQUE • Dans le cercle très fermé des terrasses panoramiques, l'hôtel Raphael tient le haut du pavé. D'ailleurs, il serait plus juste de parler de "jardin-terrasse" tant l'endroit est fleuri et verdoyant. Tout autour des tables, rosiers, géraniums, lavandes et citronniers se disputent la place. Le chemin menant au bar-restaurant est l'occasion de découvrir les boiseries raffinées du palace, construit en 1925, ses salons feutrés et son ascenseur d'époque. S'offrir un déjeuner en terrasse au Raphael n'est pas à la portée de toutes les bourses mais un verre en plein air est plus abordable et permet de profiter du même cadre. Attention cependant à ne pas s'y rendre trop tard : à 21h30, la terrasse redevient le privilège exclusif des clients du palace.

HOBA

Accès par le 147, rue Cardinet, 17e • M° Pont-Cardinet ou Brochant
01 83 64 02 11

Ouvert à partir d'avril, tous les jours midi et soir (fermé le lundi midi)
Pas de réservation

Cocktail entre 10 et 12 € • Burger veggie 10,50 € • Bière 4 €

hoba.paris

ÉVEILLER LES PAPILLES ET LES CONSCIENCES • Ce n'est pas tous les jours qu'un nouveau parc se crée à Paris. Achevé en 2020 sur les anciens terrains de la SNCF des Batignolles, le parc Martin Luther King, pensé par l'architecte paysagiste Jacqueline Osty, est entouré d'un tout nouvel éco-quartier. Et qui dit éco-quartier dit bar-restaurant-terrasse. On y sert d'alléchants petits plats végans et végétariens signés Meet My Mama, "100 % maison et 100 % éco-responsable". Autant de mets qui régalent les papilles des éco-consommateurs du HOBA, incontournable spot en plein air du Nord-Ouest de la capitale initié par l'équipe du Hasard Ludique.

Solis

Hôtel Renaissance Arc de Triomphe • 39, avenue de Wagram, 17e
M° Charles-de-Gaulle-Étoile • 01 55 37 55 37

Ouvert tous les jours, midi et soir
Bar et terrasse accessibles en permanence

Plat autour de 30 € • Cocktail à partir de 15 €

restaurantsolis.com

À DEUX PAS DES CHAMPS-ÉLYSÉES • Rien ne laisse deviner, depuis le tumulte de l'avenue de Wagram, la terrasse du restaurant de l'hôtel Renaissance Arc de Triomphe. Quelques tables au calme, surplombant une cour intérieure verdoyante, permettent d'apprécier la cuisine d'inspiration méditerranéenne : "keftagneau" burger, bruschetta de poulet shawarma... Cet élégant restaurant propose également une riche carte de cocktails frais et fruités, à déguster en afterwork accompagnés de petits menus à partager (mezze, samoussas, gambas, houmous).

La Cantine de Léon

Le Hasard Ludique • 128, avenue de Saint-Ouen, 18e
M° Porte-de-Saint-Ouen • 01 42 28 35 91

Ouvert tous les jours midi et soir • Quai accessible du mardi
au dimanche de midi à 22h aux beaux jours

Formule midi 19,50 € • Brunch 29 €

lehasardludique.paris

SUR LE QUAI DE LA GARE • Cette ancienne gare de la Petite Ceinture aura connu les destins plus ou moins glorieux d'une salle de cinéma indépendante puis d'un bazar discount avant de s'offrir une nouvelle chance. Depuis 2015, le lieu vit au rythme des concerts programmés sur la scène du Hasard Ludique. Électro, groove, indie, oriental, afro-folk... il y en a pour tous les goûts. Mais l'éclectisme musical n'est pas l'unique préoccupation de l'équipe : le HL propose aussi des ateliers de couture, des cours de yoga ou d'anglais, des ventes artisanales ou des soirées karaoké. Et il s'étend hors les murs. Quelques marches plus bas, le quai abandonné ne l'est désormais plus tout à fait quand il se peuple de tables de récup', de transats et de tabourets. Un bar y est même installé qui dispense de revenir à l'intérieur pour passer commande d'une nouvelle tournée.

La REcyclerie

83, boulevard Ornano, 18e • M° Porte-de-Clignancourt • 01 42 57 58 49

Ouvert tous les jours
Terrasse accessible de midi à 22h45, le quai de midi à 22h
Brunch le samedi de midi à 16h, le dimanche de 11h à 16h

Plat autour de 15 € • Brunch 25 ou 27 €

larecyclerie.com

DES POULES ET DES TRANSATS • À la REcyclerie, la vie s'organise autour d'une règle simple : les 3 R. Réduire, réparer, recycler. Le lieu lui-même est issu de la réhabilitation d'une ancienne gare de la Petite Ceinture. En poussant la porte, on tombe sur l'Atelier de René, un espace où l'on peut déposer des objets cassés, emprunter des outils et bricoler sur place. Un peu plus loin, du houblon sèche sur des palettes. Il est produit dans les serres disposées sur une petite parcelle de l'établissement. Le café entretient aussi un poulailler, un jardin comestible (arbres fruitiers, fraises, framboises, kiwis, topinambours, plantes aromatiques...) et plusieurs terrasses pour profiter de cette production locale. S'offrent à vous, au choix, la tonnelle accessible depuis la salle de restaurant, les petites tables déployées le long du quai ou quelques transats installés sur les rails de l'ancienne voie ferrée.

Hôtel Particulier Montmartre

23, avenue Junot, Pavillon D, 18e • M° Lamarck-Caulaincourt
01 53 41 81 40

Ouvert tous les jours de midi à 23h • Brunch le week-end de 12h30 à 16h
Terrasse accessible quand le temps le permet

Assiette végétarienne 24 € • Brunch 55 €

hotelparticulier.com

EN TOUTE DISCRÉTION • Depuis l'avenue Junot, un interphone gouverne le passage pavé qui mène à l'exceptionnelle terrasse de cet hôtel luxueux, aujourd'hui de voyageurs, anciennement particulier. Ce versant de la Butte était pourtant colonisé au début du XXe siècle par le maquis de Montmartre où s'entassait alors une population sans le sou. L'atmosphère paisible et presque provinciale des lieux est désormais à peine troublée par les tirs des boulistes enchaînant les parties sur le terrain mitoyen – dernier vestige du fameux maquis. Pour se restaurer ou boire un verre dans ce lieu hors du temps, on a le choix entre le Grand Salon, un restaurant bistronomique dirigé par le chef Louis Ricard, et le Très Particulier, un bar à cocktails à la carte pointue.

Terrass" Hotel

12-14, rue Joseph-de-Maistre, 18e • M° Blanche ou Place-de-Clichy
01 46 06 72 85

Ouvert du mardi au samedi, midi et soir
Bar et rooftop accessibles tous les jours de 15h30 à 1h
Brunch le week-end

Cocktail 17 € • Brunch 62 €

terrass-hotel.com

AUX PREMIÈRES LOGES • Au crépuscule, par temps clair, un voile rosé nimbe les toits de Paris. Lumière douce et fugace avant que la nuit ne fasse valoir ses droits. Le dôme des Invalides et la grande roue s'imposent alors dans le paysage tandis que la tour Eiffel scintille plus que jamais. Magique ! Construit en 1909, cet hôtel mythique a vu défiler nombre d'écrivains et de comédiens, Colette et Pierre Brasseur entre autres. Rénové en 2015, il propose désormais un restaurant panoramique au 7e étage, ainsi qu'un rooftop où sont servis de formidables cocktails. Mention spéciale pour le brunch du week-end, simple et de qualité.

Le BAL Café par le Recho

6, impasse de la Défense, 18e • M° Place-de-Clichy
01 44 70 75 51

Ouvert du mercredi au jeudi de midi à 22h, du vendredi au samedi de midi à 19h et le dimanche de 11h à 19h

Formule déjeuner entre 24€ et 28€ • Brunch 30 €

le-bal.fr

QUESTION D'IMAGE • À deux pas du tumulte de la place de Clichy, on a plaisir à fouler le pavé patiné de la très calme impasse de la Défense. Elle nous mène à une grande bâtisse blanche, qui abrite depuis 2010 le BAL, une salle d'expositions de 400 mètres carrés dédiée à la photographie, une librairie et un café-restaurant. Une micro-terrasse, qui donne sur un jardin public en retrait de la rue (idéale pour laisser les enfants jouer en toute quiétude), permet de goûter aux saveurs de la cuisine méditerranéenne du chef marseillais Mahir Atia qui fait la part belle au végétal, au local et à la saison. Qui plus est, on participe à une jolie initiative car Recho, qui gère le café, n'emploie que des personnes réfugiées en réinsertion professionnelle.

Le Bar à Bulles

La Machine du Moulin Rouge • 4 bis, cité Véron, 18e
M° Blanche • 01 53 41 88 89

Bar ouvert du mardi au vendredi à partir de 18h, le week-end à partir de 11h
Rooftop ouvert du mardi au samedi à partir de 18h

Tapas autour de 12 € • Cocktail à partir de 12 €

lamachinedumoulinrouge.com

BOUTON PAUSE • La Machine, la Locomotive ou la Loco, appelez comme vous voulez la salle de concert fréquentée depuis les années soixante par les fans de rock mais ne passez pas à côté de cette adresse mythique. Car le complexe n'est pas seulement dévolu au gros son. On peut aussi appuyer sur le bouton pause et profiter des deux terrasses de la Machine, dont le calme dénote avec l'effervescence du quartier. La première, accessible depuis l'étroite impasse de la cité Véron, permet de s'attabler à l'ombre du Moulin Rouge et de quelques érables du Japon. En s'engageant dans la salle du bar, de bric et de broc, on peut gagner le rooftop et ses longues banquettes en bois cernées de plantes grimpantes.

Cœur Sacré

5, rue Saint-Éleuthère, 18e • M° Anvers ou Abbesses • 01 45 26 04 58

Ouvert tous les jours de 8h à 2h

Cocktail 12 € • Planches napolitaines pour deux 28 €

coeur-sacre.com

PARIS À 360° • À la sortie du funiculaire, Cœur Sacré est tout à la fois concept store, boutique de créateurs, épicerie, boulangerie, lieu d'expo, coffee shop... et ajoute à ces nombreuses qualités celle d'abriter un rooftop. Ce lieu idéalement établi sur les hauteurs de Montmartre n'a d'autre programme que de mettre en avant les "belles et bonnes choses"... sans oublier d'être éthique et responsable. On souscrit ! Et davantage encore en rejoignant la terrasse du 1er étage qui offre une vision panoramique difficile à concurrencer puisqu'on peut faire ici le tour de Paris pratiquement sans bouger du coussin moelleux sur lequel on a pris place. D'un côté la tour Eiffel, de l'autre le Sacré-Cœur : que demander de plus ?

Mam'Ayoka

Halle Pajol • 20, esplanade Nathalie-Sarraute, 18e • M° La-Chapelle

Ouvert du lundi au samedi de 12h à 14h et de 19h à 21h (petite restauration en terrasse), et le dimanche de 10h à 15h

Plats du jour 8 € • Formule midi 14 € • Brunch samedi et dimanche 15 €

Mamayoka.fr

RENDEZ-VOUS SUR L'ESPLANADE • Abritant à l'origine la Messagerie des Douanes, la silhouette de la halle Pajol se dresse depuis 1926 le long des voies de la gare du Nord. Réhabilitée en 2014 en un véritable écoquartier, elle accueille désormais une auberge de jeunesse, une bibliothèque, un collège, un jardin couvert et toutes sortes de commerces et de restaurants. Parmi ceux-ci, Mam'Ayoka, le restaurant de l'auberge de jeunesse, est une coopérative engagée dans laquelle les saveurs d'Afrique subsaharienne côtoient les recettes européennes. Les prix sont attractifs, la carte du midi change en permanence, et le soir, place aux tartinades. Si la grande salle à l'intérieur de l'établissement est un peu froide, la vaste terrasse demeure accueillante. Aux beaux jours, elle est investie par une joyeuse foule d'étudiants étrangers, de familles avec poussettes, de bandes de copains ravis de se retrouver sous les arbres.

Café Caché

Centquatre • 5, rue Curial, 19e • M° Riquet ou RER Rosa-Parks
01 42 05 38 40

Ouvert du mardi au dimanche de 12h à 19h (à partir de 11h le week-end)

Plat du jour 12 € • Verre de vin à partir de 5 €

104.fr/boire-et-manger/cafe-cache.html

FRICHE CULTURELLE • L'ambition déclarée de faire du Centquatre un lieu "infini d'art, de culture et d'innovation" a-t-elle tenu ses promesses ? Indépendamment de la programmation éclectique, de jeunes danseurs s'entraînant dans l'immense halle et des lieux comme la Maison des Petits ou le Café Caché apportent de la vie à cette vaste friche culturelle. La salle affiche un joli décor *fifties* imaginé par le designer Sébastien Wierinck et sa grande cour intérieure au calme présente l'avantage d'être chauffée en hiver. Idéal pour faire une pause entre deux activités en sirotant un "presse-minute" (carotte-pomme-gingembre).

Péniche Antipode

Face au 55, quai de la Seine, 19e • M° Riquet
01 42 03 39 07 / 06 69 09 55 10

Ouvert tous les jours de 17h à 2h (à partir de 12h le week-end)
Terrasse accessible toute l'année, couverte et chauffée en hiver

Planche autour de 15 € • Bière autour de 3 € • Brunch 13 €

penicheantipode.fr

CHOUETTE PONTON • Après avoir navigué pendant plus de soixante ans sur tous les canaux d'Europe, la péniche Antipode a définitivement jeté l'ancre dans le bassin de la Villette en 2002. Une retraite joyeuse grâce à la compagnie Abricadabra, proposant concerts, spectacles pour enfants, projections et débats tandis que le plancher supérieur est dédié au Café Antipode et à ses lampions. Ici, on ne sert que des produits artisanaux, solidaires et issus du commerce équitable. Tout le monde s'accorde pour louer le rapport qualité-prix-régal, imbattable dans un quartier qui ne manque pas de propositions gourmandes. Ce spot insubmersible et son équipe accueillent les amoureux du canal sur son ponton été comme hiver. Bienvenue à bord !

La Gare / Le Gore

1, avenue Corentin-Cariou, 19e • M° Corentin-Cariou • 01 45 78 58 44

Ouvert du dimanche au mercredi de 18h à 1h
et du jeudi au samedi de 18h à 2h • Terrasse accessible aux beaux jours

Assiette mixte 11 € • Bière 2,50 €

Facebook : La Gare Le Gore

JAZZ AU BISTROT • Cette ancienne gare de la Petite Ceinture abrite aujourd'hui un club de jazz avec bistrot. Assez ostensiblement, il n'a été fait ici aucuns travaux avant installation. Les consos sont à des prix très XXe siècle et les concerts, de qualité, sont gratuits et presque quotidiens... Il suffit de trouver une chaise, quand il en reste, et de se planter où on peut dans le vieux hall de gare. De la terrasse – en fait, une large allée pavée qui relie l'avenue Corentin-Cariou à la gare –, on entend moins la musique mais l'ambiance est la même, sans élitisme malgré une programmation pointue qui draine ici un public averti.

Jardin 21

12 A, rue Ella-Fitzgerald, 19e • M° Hoche

Ouvert de mai à octobre, tous les jours de midi à 2h (jusqu'à 4h le week-end), le dimanche de 12h à 22h

Planche entre 11,90 et 19,90 € • Plat entre 8,90 et 14,90 €

jardin21.fr

HYBRIDE • Un grand jardin au bout d'un parc (de la Villette), au bord d'un canal (de l'Ourcq) et non loin de moulins (de Pantin)... ça existe. À Paris ! Puisque nous n'en sommes plus à une surprise près, relevons que le lieu tient autant du potager d'un vieil oncle à la campagne que de la buvette de village un 14 Juillet. En effet, on a ici l'impression d'être en vacances : DJ sets, dancefloor et concerts acoustiques en soirée, jeux de société, pétanque, massages, ventes solidaires et ateliers jardinage dans la journée... Les Marmites Volantes ont installé leur food truck et proposent des assiettes de produits locaux tandis que le bar présente une belle carte de bières artisanales. Paris semble soudain bien loin... sans qu'on se souvienne avoir traversé le périph'.

La Petite Halle

Grande Halle de La Villette • 211, avenue Jean-Jaurès, 19e
M° Porte-de-Pantin • 09 82 25 91 81

Ouvert du mercredi au dimanche de 10h à minuit

Pizza de 11,50 à 17,50 € • Menu enfant 11 € • Verre de vin à partir de 4,50 €

lapetitehalle.com

UNE JOURNÉE AU PARC • Le jardin de la Petite Halle est situé à une vingtaine de mètres du restaurant éponyme, lui-même logé dans la Grande Halle de La Villette. Nul bruit de moteur ni de sirène ne trouble ici la tranquillité du jardin où l'on peut paresser dans des fauteuils en osier pendant que les enfants s'activent autour du dragon-toboggan ou de la pêche aux canards. Du calme, de la place, de la verdure, des cabanes de ravitaillement en jus de fruits, pancakes et autres brochettes ou salades... En été, il est difficile de ne pas songer à établir son camp de base ici !

Paname Brewing Company

41 bis, quai de la Loire, 19e • M° Laumière • 01 40 36 43 55

Tous les jours de 11h à 1h

Pizza autour de 16 € • Plat autour de 20 €
Dessert 5 € • Bière 5,50 €

panamebrewingcompany.com

QUELQUES MOUSSES ENTRE AMIS • Près du pont de Crimée, la Paname Brewing Company, dite PBC, brasse vingt-cinq bières dont une vingtaine en spécialités limitées tout en offrant des conditions de dégustation idéales : une grande terrasse flottante, orientée plein sud, comme sa petite sœur blottie sous un grand arbre contre la façade des anciens Magasins généraux. Les clients de l'intérieur bénéficient d'une véranda pour ne rien rater des reflets rougeoyants du soleil sur le bassin de la Villette. L'attrait irrésistible de ce ponton aimante bien plus d'amateurs qu'il ne peut en accueillir et les places sont chères. Les commandes et le service des boissons se font au comptoir où un staff cosmopolite s'active dans un décor de cuves rutilantes et de grandes tables en métal et bois.

Bar Ourcq

68, quai de la Loire, 19e • M° Laumière • 01 42 40 12 26

Ouvert lundi de 15h à minuit, mardi de 11h à minuit, du mercredi au samedi de 11h à 2h, dimanche de midi à minuit

Fish and chips maison 17 € • Bière autour de 4 €

Instagram : Le Bar Ourcq Paris

LES COPAINS D'ABORD • Ici, on n'a pas attendu le succès de Paris-Plage sur le bassin de la Villette pour célébrer l'été. Ce bar de copains s'en sort très bien par ses propres moyens. Les recettes du succès ? 1 : distribuer des transats aux clients en tongs et lunettes, qui ont tout loisir de les déplier au bord de l'eau. 2 : compléter la panoplie du vacancier en proposant, en libre-service toujours, mölkky – les fameuses quilles finlandaises – et boules de pétanque. La terre battue de cette portion de quai offre un terrain idéal. 3 : afficher des prix si raisonnables qu'on en deviendrait presque déraisonnable ! Un verre offert contre un gobelet plein de mégots : au Bar Ourcq, le vice et la vertu font bon ménage ! Plusieurs DJ officient le vendredi jusqu'à minuit, le samedi jusqu'à 2h du matin.

Le Pavillon des Canaux

39, quai de la Loire, 19e • M° Laumière • 07 69 33 22 98

Ouvert tous les jours midi et soir
Terrasse accessible toute l'année, couverte et chauffée en hiver

Menu déjeuner 16,50 € • Verre de vin à partir de 4,50 €

pavillondescanaux.com

COOL ATTITUDE • Voici une véritable petite maison de campagne en plein Paris, dont la terrasse s'étend le long du très cool canal de l'Ourcq. Décoré dans un esprit vintage coloré, ce tiers-lieu, qui est aussi un espace de coworking, ravit depuis plusieurs années les Parisiens en quête de dépaysement. La terrasse est à peine moins près de l'eau que le ponton de la Paname Brewing Company (voir page 97) sa voisine et se compose d'une véranda et d'un carré de sable sous les arbres. On s'y installe avec le bip confié au moment de la commande au comptoir, qui vous prévient bientôt que votre assiette vous attend à la cuisine du sous-sol. Pour le dessert, c'est à l'étage qu'il faudra aller le chercher, contre un jeton. Cool toujours...

La Rotonde Stalingrad

6-8, place de la Bataille-de-Stalingrad, 19e • M° Jaurès

Ouvert du jeudi au samedi à partir de 19h

Pizza autour de 12 € • Limonade citron-romarin 5 €

larotondestalingrad.com

CORSITUDE À LA PARISIENNE • Entre le bassin de la Villette et le canal Saint-Martin, la Corse a élu domicile à la Rotonde Stalingrad. L'équipe de Christophe Poligani a démonté les anciennes cabanes en bois, faisant la part belle à la serre Gustu. Celle-ci attire depuis quelques années les aficionados de pizzas au feu de bois et de tapas corses (beignets de fromages fermiers, figatellu en terrine ou houmous pois chiche et châtaignes). La terrasse, quant à elle, accueille en fin d'après-midi les familles du quartier autour de grandes tables conviviales, vite remplacées dès l'heure de l'apéro par une population jeune et branchée.

Pavillon Puebla

Parc des Buttes-Chaumont • 39, avenue Simon-Bolivar, 19e
M° Buttes-Chaumont • 01 89 71 14 64

Ouvert toute l'année (sauf aux vacances de Noël), du mercredi au samedi de 18h à minuit (13h le samedi lorsqu'il fait beau), le dimanche de midi à 21h
Restaurant (intérieur) ouvert uniquement le dimanche midi pour le brunch

Pizza à partir de 13 € • Bière autour de 5 €

leperchoir.fr/location/le-pavillon-puebla

BOUFFÉE D'OXYGÈNE • Le bar du Pavillon Puebla fait partie de la famille Perchoir. Les deux terrasses sises de part et d'autre du restaurant baignent dans la verdure des Buttes-Chaumont, le parc parisien le plus riche en essences d'arbres. Le bar, rondins de bois et coussins bariolés, jouxte le pavillon. Ici, la température monte vite et prendre l'air en terrasse est un plaisir doublé d'une nécessité. Les soirs de DJ sets – vendredi et samedi –, alors que le parc est fermé au public, le Pavillon Puebla brille au milieu des arbres comme un lampion de fête.

Rosa Bonheur - Buttes

Parc des Buttes-Chaumont • 2, allée de la Cascade, 19e • M° Botzaris
01 42 00 00 45

Ouvert du mercredi au dimanche de 12h à 1h

Tapas autour de 7 € • Verre de vin 3 €

rosabonheur.fr

BONHEUR POUR TOUS • Le pavillon Weber, dans la partie haute du parc des Buttes-Chaumont, vivait une pré-retraite paisible de salon de thé d'un autre âge quand la bâtisse de briques rouges a été rafraîchie, réaménagée et rebaptisée Rosa Bonheur pour devenir un des lieux les plus courus de la capitale. C'est devenu le décor de la saga culte de Virginie Despentes, *Vernon Subutex*. Tapas pour tout le monde, bière pression et rosé frais, ambiance bodega ou remix sur les platines des DJ de passage selon l'humeur des patronnes. Leur succès les a incitées à décliner le concept de la guinguette en ouvrant successivement Rosa Bonheur-sur-Seine, près du pont Alexandre-III, Rosa Bonheur à l'Ouest, à Asnières (voir page 109), et Rosa la Crêperie, au jardin des Tuileries.

Babel Belleville

3, rue Lemon, 20e • M° Belleville • 01 87 53 62 32

Terrasse ouverte toute l'année quand la météo le permet

Cocktail à partir de 13 € • Jus frais détox 6 € • Bière 7 €
Poulet croustillant laqué à la coréenne 13 €

babel-belleville.com

VOYAGE ET MISSION • Belleville est l'un des quartiers les plus animés de Paris, l'un de ceux où les commerces ne semblent jamais baisser leur rideau. Les terrasses au calme y sont une denrée rare... Celle du Babel Belleville relève presque du mirage, avec ses sorbiers plantés entre les pavés d'une rue calme et piétonne, ses tables en bois et ses chaises en rotin alignées le long de l'élégante façade bleue de l'hôtel bar restaurant. Une musique arabe ou africaine qui s'échappe de la porte entrebâillée, des effluves de cuisine inspirée d'Orient... on ne résiste pas longtemps à l'invitation au voyage. Babel Belleville est par ailleurs le premier hôtel de France à avoir obtenu la certification “entreprise à mission” pour ses engagements en matière de règles environnementales, de bien-être au travail, d'insertion sociale, de recours aux producteurs locaux.

La Bellevilloise

19-21, rue Boyer, 20e • M° Ménilmontant • 01 46 36 0707

Le toit est accessible sur réservation uniquement, le jeudi et vendredi de 17h à minuit, le samedi de 14h à minuit, le dimanche de 14h à 18h

Cocktail à partir de 12 € • Sardines rôties 13 €

labellevilloise.com

ÉCLECTISME • Ce lieu branché de l'Est parisien joue la carte du multiculturel et dispose des ressources pour remplir cette mission, avec sa salle de concert (le Club), ses espaces d'exposition, de projection et de débat (le Forum et le Sas), ses salons privatisables (le Loft). Dans la halle du rez-de-chaussée de 250 mètres carrés cohabitent de grands canapés, des oliviers centenaires et des palmiers. Le rooftop est spacieux lui aussi, avec ses banquettes extérieures et sa partie couverte. C'est dans ce bâtiment que fut fondée en 1877 la première société coopérative de Paris. Les ouvriers du quartier y tenaient un magasin de vente directe au consommateur, une caisse de solidarité, une bibliothèque... et une salle de spectacle avec son café-restaurant.

La Maroquinerie

23, rue Boyer, 20e • M° Ménilmontant ou Gambetta
01 40 33 64 85

Bar ouvert tous les jours à partir de 18h,
restaurant ouvert de 19h à 23h les soirs de concert
Terrasse accessible en permanence

Plat autour de 17 € • Verre de vin à partir de 4 €

lamaroquinerie.fr

ENTRE DEUX CONCERTS • Le restaurant de la Maroquinerie est ouvert tous les soirs de concert. À vous de choisir de dîner au calme (le restaurant n'est pas ouvert à l'heure du déjeuner) ou de profiter d'une ambiance musicale. Un soir, un groupe de jazz est à l'affiche, atmosphère relax dans le patio du restaurant. Quelques jours plus tard, concert d'Arthur H, un peu plus rock'n'roll mais tout aussi sympa en terrasse. La carte, elle, ne change pas... ni ne déçoit. On peut, sans se ruiner, additionner une grande salade accompagnée d'un hamburger de légumes et crème acidulée suivie d'un gaspacho de fruits rouges au basilic, glace au pain d'épice.

Au Fond du Jardin

39, rue Pelleport, 20e • M° Porte-de-Bagnolet
09 54 33 04 96

Ouvert tous les jours de midi à 23h
Terrasse accessible en permanence, couverte et chauffée en hiver

Pizza autour de 15 € • Verre de vin à partir de 4,80 €

Instagram : Au Fond du Jardin - Paris 20

VIVONS CACHÉS • À deux pas de la place Édith-Piaf, un petit resto-bistrot à prix doux comme on les aime. Ici, pas de foire d'empoigne pour trouver une table, y compris dans la cour intérieure de 350 mètres carrés. La carte change tous les jours avec une dominante de produits bio. La terrasse accueille, dans un environnement calme, une cinquantaine de convives qui viennent, souvent en famille, pour les pizzas simples mais délicieuses (Regina, Bresaola, Bufalina...) et le sourire des serveur(se)s. Le soir, des guirlandes illuminent les tables, composant un tableau de place de village.

Mama Shelter

109, rue de Bagnolet, 20e • M° Porte-de-Bagnolet • 01 43 48 48 48

Finger food du lundi au jeudi de 16h à 19h, du vendredi au dimanche de midi à 19h • Réservation obligatoire
Rooftop ouvert toute l'année

Pizza autour de 16 € • Verre de vin à partir de 7 € • Brunch 46 €

fr.mamashelter.com

LA TABLE PRÈS DE L'ORANGER • Prenez un lieu en déshérence, placez-y Serge Trigano, ex-PDG du Club Med, Philippe Starck à la déco et Alain Senderens, puis Guy Savoy aux fourneaux, laissez la pâte lever et vous obtenez… le Mama Shelter. Opération réussie depuis 2008 ! La terrasse extérieure du restaurant, avec vue sur la voie désaffectée de la Petite Ceinture, intrigue. Tout comme le toit-terrasse où sont disposés parmi les figuiers, orangers et pommiers, des tables et deux larges lits. Une haie de canisses préserve l'espace du regard des curieux. On accède à ce belvédère par ascenseur jusqu'au 6e étage puis par un escalier de service. Ultime condition : avoir réservé à l'avance. Le succès de l'établissement parisien lui a valu de se voir répliqué dans une douzaine de villes, en France et à l'étranger.

Les Mondes Bohèmes

31, rue des Vignoles, 20e • M° Avron ou Buzenval
01 43 48 69 38

Ouvert tous les jours midi et soir • Terrasse accessible en permanence

Burger 17,50 € • Bière pression autour de 4 €

mondesbohemes.com

MANGEZ FRAIS • Aux beaux jours, tous les prétextes sont bons pour un rendez-vous aux Mondes Bohèmes : “La cuisine faite avec des produits frais” (promesse affichée sur l'ardoise à l'entrée de la terrasse). Mais on y va aussi pour la tonnelle aux couleurs bariolées, le style de bric et de broc de la déco avec ses canapés élimés, ses expos décalées et son piano désaccordé ! Au final, c'est une clientèle hétéroclite qui prend ses aises sur la terrasse ombragée. “Des gens du quartier, des badauds et quelques touristes égarés, plaisante Catherine Amiot. C'est déjà pas mal pour un lieu à l'écart des grands axes et à cinq bonnes minutes à pied d'une station de métro !”

Rosa Bonheur à l'Ouest

20, quai du Docteur-Dervaux, pont d'Asnières, 92600 Asnières-sur-Seine
Transilien ligne J & L (arrêt Asnières-sur-Seine), bus 238 (arrêt Rue-de-la-Station)

Terrasse accessible du mercredi au vendredi de midi à 0h30, le samedi de 10h à 0h30 et le dimanche de 10h à 20h (les horaires peuvent varier en fonction de la météo)

Bière pression à partir de 4,50 € • Brunch 34 €

rosabonheur.fr/rosa-a-louest

TU LA SENS LA CAMARGUE ? • Vue du pont d'Asnières, des lumières rose bonbon lui donnent des airs de fête foraine flottante. L'ancienne embarcation du Rosa Bonheur jadis amarrée aux Invalides a vogué jusque dans le 92. "Ici on mange, on boit, on joue à la pétanque et au baby, on danse, on sieste, on surveille ses enfants à l'aire de jeux", promet le panneau à l'entrée. À quai, on avale aussi sur de grandes tables des pizzas cuites au feu de bois. Entre les berges arborées et la péniche elle-même, un vaste ponton flanqué d'un élégant canot de sauvetage – rose, ça va de soi – accueille une cabane à huîtres et une terrasse au ras des flots. Des néons en forme de flamants fuchsia rappellent le mantra du Rosa ("Tu la sens la Camargue ?") projetant sur l'eau leurs reflets violets psychédéliques.

L'Île

Parc de l'île Saint-Germain • 170, quai de Stalingrad,
92130 Issy-les-Moulineaux • RER ou T2 Issy-Val-de-Seine
01 41 09 99 99

Ouvert tous les jours de 11h à 2h

Plat autour de 25 € • Verre de vin à partir de 7 €

restaurant-lile.com

EN TOUTE SAISON • L'île Saint-Germain, c'est un coin de campagne qui s'est glissé entre Issy-les-Moulineaux et Boulogne-Billancourt. Niché dans la verdure, loin du bruit, le restaurant occupe un pavillon de style Napoléon III, à la verrière impressionnante et à la terrasse orientée plein sud. Laura Gonzalez, à qui l'on doit la décoration de ce lieu entièrement repensé en 2017, a imaginé une cuisine d'extérieur qui s'adapte aux saisons : en été, grillades à l'ombre des parasols ; en hiver, plaid et bulle géante à l'abri des frimas. Le dimanche, activités ludiques pour les plus jeunes. Et si cela ne suffit pas, vous pourrez déambuler dans le parc voisin. Vous y verrez la sculpture *Tour aux figures*, signée Jean Dubuffet, mais aussi une grande halle en bois, vestige de l'Exposition universelle de 1867.

Le Patio Rooftop

38, avenue Léon-Gaumont, Montreuil • M° Porte-de-Montreuil • 07 58 49 41 31

Rooftop ouvert tous les jours de 10h à minuit.
Entrée payante certains soirs pour les concerts (10 €), mais gratuite avant 20h

Cocktail 10 €, bière pression 5 €, pizza entre 11 et 14 €

Instagram : lepatiorooftop

HORS DU TEMPS • Après avoir monté la volée d'escaliers qui s'ouvre depuis la façade du magasin Decathlon, on découvre un vaste patio aménagé comme un jardin, avec de grandes tables conviviales sous les figuiers, la vigne vierge et les glycines. Difficile de résister à l'esprit vacances qui règne ici. Dans les différentes paillotes, laissez-vous tenter par votre envie du moment, cuisine thaï, pizza, japonais... Calme en journée, le grand patio aux airs de guinguette se transforme en lieu de fête et de bonne humeur lorsque l'après-midi touche à sa fin. Le soir venu, ça danse à tout va, ça salsa, ça chante et ça DJ platine plusieurs fois par semaine. Ambiance afro-caribéenne les dimanches en fin d'après-midi, sessions Afterwork les jeudis, soirées Belle Époque au gré d'un calendrier qu'il faudra consulter régulièrement sur les réseaux sociaux. Autre bonne surprise, le Patio Rooftop est ouvert toute l'année grâce à sa large partie couverte.

Mob Hôtel

6, rue Gambetta, 93400 Saint-Ouen • M° Garibaldi • 01 47 00 70 70

Terrasse accessible en permanence

Pizza à partir de 14 € • Verre de vin à partir de 4 €

mobhotel.com

UNE PAUSE AUX PUCES • Comment imaginer que la rue Gambetta, à l'écart de l'artère principale des puces de Saint-Ouen, abrite un petit îlot de verdure ? Derrière un lourd portail métallique, un hôtel fonctionnel et design, signé Philippe Starck, offre les services d'une boutique, d'un restaurant et l'agrément de deux terrasses, l'une de plain-pied, l'autre en contrebas. On peut y souffler après des heures passées à chiner aux puces, y bruncher le dimanche en famille (le MOB propose un espace dans lequel les *kids* sont gardés sous la houlette d'une nounou) ou y écouter un concert en soirée. À la belle saison, la cour verdoyante se transforme en cinéma de plein air avec un barbecue géant, des expositions, des concerts, des cours de yoga, des pop-up de créateurs...

Index

Index alphabétique

Index géographique

11e arrondissement

12e arrondissement

13e arrondissement

14e arrondissement

15e arrondissement

16e arrondissement

17e arrondissement

18e arrondissement

19e arrondissement

20e arrondissement

Autour de Paris

....

....

....

....

....

....

....

....

....

....

....

....

....

....

....

....

....

....

....

....

....

....

....

....

....

....

....

....

....

....

Crédits photographiques

Toutes les photographies sont © Sylvain Ageorges, sauf celles des établissements suivants : Acte II, Maggie Rooftop/Hôtel Rochechouart (© Romain Ricard), Restaurant Amour (© Pion Photographie), BVJ Opéra-Montmartre, Café Marly, Cœur Sacré, Derrière, Forest, Fulgurances/L'Entrepôt (© Laurence Revol), Gigi Paris (© Romain Ricard), Girafe (© Adrien Dirand), HOBA (© Samantha Ohlsen), Hotel Paradiso (© Romain Ricard), Hôtel Raphael (© Philippe Doignon), IlVolo, L'Hôtel, L'Île, La Démocratie (© Maxime Antony), Le Café Jacques, Le Chalet des Îles, Le Comptoir Général (© Matthieu Salvaing), Le Pavillon des Canaux (© Simon Guillemin), Le Tout-Paris (© Cécile & Guillaume), Les Passerelles/Hôtel Parister (© Francis Amiand), Mama Shelter (© Francis Amiand), Mob Hôtel (© Aurore Baron), Molitor, Pedzouille la Grange, Ralph's (© Vanessa Besnard), Rech (© Julien Mouffron-Gardner), Restaurant Villa M, Rosa Bonheur à l'Est, Hôtel Dame des Arts (© Ludovic Balay), Solis, Terrass" Hotel, The Hoxton Paris, The People Paris Nation, Le Patio Rooftop (© Shutterstock).

Édition revue et corrigée en novembre 2024

Édition : Mathilde Kressmann
Relecture-correction : Aude Gandiol et Coralie Manant
Direction artistique et couverture : Isabelle Chemin

ISBN : 978-2-37395-266-7
Dépôt légal : février 2025
Achevé d'imprimer en UE en janvier 2025